讲中国故事
说制度优势

人民日报理论部　编著

人民出版社

前　言

　　"凡将立国，制度不可不察也。"人类社会发展史表明，任何一种社会，任何一个国家，要实现长治久安、纲维有序，就必须有一套稳定成熟的制度体系。新中国成立70多年来，我们之所以能在"一穷二白"的基础上创造世所罕见的经济快速发展奇迹和社会长期稳定奇迹，中华民族之所以能在百年沉沦之后迎来从站起来、富起来到强起来的伟大飞跃，究其根本原因，就在于中国制度强有力的支撑和保障。今年抗击新冠肺炎疫情斗争的伟大实践再次证明，中国制度具有显著优势，是抵御风险挑战、提高国家治理效能的根本保证。当前，中华民族伟大复兴已进入关键时期，世界百年未有之大变局加速演变。机遇前所未有，挑战前所未有。深入理解和把握我国国家制度和国家治理体系，就能找到"中国之治"的制度密码；坚持和完善中国特色社会主义制度、推进国家治理体系和治理能力现代化，就能为我们攻坚克难、实现中华民族伟大复兴提供根本保证。

　　党的十九届四中全会通过的《中共中央关于坚持和完善中国特色社会主义制度、推进国家治理体系和治理能力现代化若干重大问题的决定》（以下简称《决定》），系统阐述了我国国家制度和国家治理体系十三个方面的显著优势，全面回答了在我国国家制度和国家治理体系上应该坚持和巩固什么、完善和发展什么这个重大政治问题，将我们党对于坚持和完善中国特色社会主义制度的认识推向新的高度，为我们在新的历史起点上推进国家治理体系和治理能力现代化提供了根本遵循。近年来，人民日报社组织刊发了一大批重磅理论文章，全面准确阐发党的十九届四中全会精神，系统深入解读中国制度的艰难探索、博大精深和雄浑伟力。我们从中精选25篇文章，并增加新的元素，进行再加工、再创作，编写成这本《讲中国故事　说制度优势》。本书根据《决定》内容，从十三个方面对我国国家制度和国家治理体系及其显著优势进行权威准确、生动具体、深入浅出的分析和阐释，每章都以习近平总书记关于制度论述的金句为引领，配有中国故事、编辑点评、知识链接、延伸阅读。本书既有理论阐述又有实践案例，既讲解制度知识又探讨制度运用，有助于广大读者从比较完整的体系上、从理论和实践结合上深入理解和把握、更好坚持和完善我国国家制度和国家治理体系。

目 录

开　篇　人民拥护的好制度 001

中国故事 | 中国人民高度信任中国政府 003
制度优势 | 中国特色社会主义制度好在哪里 006
　　　　　马克思主义的政治宣言书 012

一、党的集中统一领导的显著优势 023

中国故事 | 穿越风雨的勇气 026
　　　　　共产党人的初心 028
制度优势 | 深刻认识党的领导制度在国家制度中的统领地位 ... 029
　　　　　建立不忘初心、牢记使命的制度 034

二、人民当家作主的显著优势 043

中国故事 | 农民工代表讲脱贫故事 046
　　　　　请你来协商 047
制度优势 | 支撑国家治理体系和治理能力的根本政治制度 049
　　　　　把人民政协制度优势转化为社会治理效能 055

三、全面依法治国的显著优势 ……………………… 063

中国故事 | 政府法律顾问帮助减风险 ……………… 065
制度优势 | 不断巩固和增强法治优势 …………… 067

四、集中力量办大事的显著优势 ……………… 075

中国故事 | 看到党旗心里就有了底 ……………… 078
　　　　　　民兵与卫星的故事…………………… 080
制度优势 | 集中力量办大事的显著优势成就"中国之治" …… 081
　　　　　　运用制度威力应对风险挑战的冲击 …………… 087

五、各民族共同发展的显著优势 ……………… 095

中国故事 | 闽宁模式彰显制度优势 ……………… 097
　　　　　　各族人民日子越来越好 ……………… 099
制度优势 | 凝心聚力共同为实现中国梦而奋斗 ……… 101

六、不断解放和发展社会生产力的显著优势 ………… 109

中国故事 | 中国经济再上新台阶 ……………… 112
　　　　　　构筑高质量发展"品牌矩阵"………… 114
制度优势 | 社会主义基本经济制度是党和人民的伟大创造 …… 116
　　　　　　为经济高质量发展奠定坚实制度基础 ………… 121

七、繁荣发展社会主义先进文化的显著优势 129

中国故事 | "汉家自有制度" 132
制度优势 | 我国国家制度和国家治理体系的深厚历史底蕴 134
　　　　　　　夯实"中国之治"的文化根基 139

八、不断保障和改善民生的显著优势 147

中国故事 | 十八洞村的今天 150
　　　　　　　让温暖传递更快更有力 152
制度优势 | 把人民利益摆在至高无上地位的制度 154
　　　　　　　推动民生保障制度更加成熟更加定型 159

九、坚持改革创新的显著优势 167

中国故事 | 三代人见证小岗村之变 170
　　　　　　　文明古国实现伟大复兴的现代样本 172
制度优势 | 推动新时代改革开放走得更稳走得更远 174
　　　　　　　通过革故鼎新不断开辟未来 179

十、培养造就优秀人才的显著优势 187

中国故事 | 任人唯贤是正派路线 189
制度优势 | 聚天下英才而用之 191

十一、保障国家主权、安全、发展利益的显著优势·······199

中国故事 | 不能以任何借口削弱党对红军的领导·············202
制度优势 | 坚持党指挥枪、不断推进强军事业·············204

十二、坚持"一国两制"的显著优势····················213

中国故事 | 亲情在两地间摆渡····························216
制度优势 | 推动香港"一国两制"事业行稳致远·········218
　　　　　　——深入学习贯彻习近平主席视察澳门系列
　　　　　　重要讲话精神

十三、构建人类命运共同体的显著优势················225

中国故事 | 中非友好一直延续·························228
　　　　　　视频合作传温暖·························230
制度优势 | 汇聚战胜疫情的全球合力···················232
　　　　　　构建人类命运共同体是人间正道·············237

结　语··245

在守正创新中坚持和完善中国特色社会主义制度··············247
不断开辟"中国之治"新境界································252

开 篇
人民拥护的好制度

制度优势是一个国家的最大优势，制度竞争是国家间最根本的竞争。制度稳则国家稳。新中国成立70年来，中华民族之所以能迎来从站起来、富起来到强起来的伟大飞跃，最根本的是因为党领导人民建立和完善了中国特色社会主义制度，形成和发展了党的领导和经济、政治、文化、社会、生态文明、军事、外事等各方面制度，不断加强和完善国家治理。

　　——习近平总书记2019年10月31日在党的十九届四中全会第二次全体会议上的讲话（引自《习近平谈治国理政》第三卷，外文出版社2020年版，第119页）

中国故事

中国人民高度信任中国政府

　　《2020年爱德曼全球信任度调查报告》显示，中国人民对中国各领域发展的信心不断增强，中国的信任度综合指数同比增长3个百分点，以82%的成绩连续第三年位居世界各主要经济体首位，而全球平均指数仅为54%。

　　这份来自全球知名公关咨询公司——爱德曼国际公关公司的

报告，可不是一份普通的报告。该公司已连续 20 年发布此类报告，调查涉及全球 28 个国家和地区的超过 3.4 万名受访者，受访者被要求对本国（地区）政府、企业、媒体和非政府组织四类公共机构的信任度作出评价。

　　爱德曼国际公关公司强调，民众对政府的信任是基于政府在国家安全、基础设施建设、维护治安、保护公民权益、规范新兴技术、社会救济服务、与企业间合作等方面的表现。中国政府赢得了人民的高度信任，信任指数远高于世界平均水平。新冠肺炎疫情防控中，中国人民对中国政府举措的支持和配合再次证明了这一报告的结论。

　　面对突如其来的新冠肺炎疫情，是谁最先拉响警报；是谁把挽救生命放在首位，不惜一切代价；是谁采取最严密的防控，实行举国动员；是谁科研公开、信息透明，与国际社会共享；是谁向防控薄弱国家和地区伸出援手，承担国际义务。面对重大突发公共事件，我们坚持全国一盘棋，调动各方面积极性，有效协调各领域、各层级资源，迅速、合理、有效地集中力量攻坚克难，彰显出中国特色社会主义制度的显著优势。中国人民对中国各领域发展的信心不断增强，彰显出对以习近平同志为核心的党中央更加拥护和信赖，对中国制度更加充满信心。

（摘编自《〈2020年爱德曼全球信任度调查报告〉发布》，《人民日报》2020年3月7日，作者：方莹馨）

▍编辑点评 ▶

　　中国特色社会主义制度好不好、优越不优越，中国人民最清楚，也最有发言权。新中国成立以来尤其是改革开放以来，我们党充分发挥中国特色社会主义制度的显著优势，领导人民创造了经济快速发展和社会长期稳定"两大奇迹"。这"两大奇迹"，是中国人民对党和政府高度信任的坚实依据，也是中国人民坚定制度自信的坚实依据。进一步发挥中国特色社会主义制度的显著优势，创造新的更大的奇迹，需要我们深刻把握党的十九届四中全会通过的《决定》这篇马克思主义的纲领性文献，把党的十九届四中全会精神学习好、贯彻好，坚持和完善中国特色社会主义制度、推进国家治理体系和治理能力现代化，推动中国特色社会主义制度更加成熟、更加定型。

制度优势

中国特色社会主义制度好在哪里

中国特色社会主义制度是具有鲜明中国特色、显著制度优势、强大自我完善能力的先进制度，为中华民族迎来从站起来、富起来到强起来的伟大飞跃提供了根本制度保证。"中国之治"的核心密码正在于"中国之制"。

一、中国特色社会主义制度具有独特创造性

一个国家选择什么样的国家制度，是由这个国家的历史传承、文化传统、经济社会发展水平决定的，是由这个国家的人民决定的。中国特色社会主义制度从我国悠久的政治文化传统中生长起来，从近代以后中国反抗外来侵略、争取民族独立和人民解放的斗争中生长起来，从社会主义事业的艰苦创立和艰辛探索中生长起来，是中国共产党和中国人民的伟大创造，也是人类制度文明史上的伟大创造。

这个制度的创造性在于，它是马克思主义社会形态理论在中国的创造性实践，是科学社会主义学说在制度层面的具体化，是社会主义制度在中国的实现形式。社会主义从理论到实践再到多国实践乃至发展到今天的全部历程表明，社会主义制度是一般形态与特殊形态的统一体。社会主义制度一般形态的原理已经由马克思、恩格斯和列宁等经典作家作出科学回答，这个一般形态只有通过一个个具体国家的社

会主义制度才能体现出来，只有呈现为具体的民族形态、时代形态、国别形态才是现实的。也就是说，社会主义制度的实现形态没有也不可能有适合各国情况的统一模式，只能是把科学社会主义基本原理同各国实际和时代特征相结合，走符合本国国情的社会主义道路，建立有本国特色的社会主义制度。邓小平同志指出："马克思列宁主义的普遍真理与本国的具体实际相结合，这句话本身就是普遍真理。"①

　　这个制度的创造性在于，它是中国共产党领导中国人民在革命、建设、改革长期实践探索中形成的科学制度体系。我们党在革命、建设、改革历程中，依据马克思主义基本原理，从我国国情出发，凝聚人民群众的智慧和力量，持续建构科学、规范、稳定的制度体系，为国家发展提供了制度保障和制度支撑。新中国成立后，人民代表大会制度、中国共产党领导的多党合作和政治协商制度等的建立，奠定了中华民族从站起来、富起来走向强起来的制度基础。改革开放以来，通过各方面体制机制的改革创新，我国国家制度和国家治理体系不断完善。中国特色社会主义制度由一整套制度构成严密完整、系统集成的制度体系，包括党的领导制度体系、人民当家作主制度体系、中国特色社会主义法治体系、中国特色社会主义政府治理体系、社会主义基本经济制度、社会主义先进文化制度、民生保障制度、社会治理制度、生态文明制度体系、党对人民军队的绝对领导制度、"一国两制"制度体系、对外事务制度、党和国家监督体系等方面。在中国特色社会主义制度体系中，起四梁八柱作用的是根本制度、基本制度、重要制度，其中具有统领地位的是党的领导制度。我国国家治理一切工作和活动都依照中国特色社会主义制度展开，形成覆盖各方面各领域的国家治理体系和治理能力，保障国家生活和社会生活正常运转。

---

① 《邓小平文选》第一卷，人民出版社 1994 年版，第 258—259 页。

这个制度的创造性在于，它是中国共产党为人类探索更好社会制度所提供的中国方案。西方一些人认为，西方制度是实现现代化的唯一选择，是"普世"的制度模式。历史终结论者则宣称，资本主义自由民主制度是"人类意识形态进化的终点"和"人类最后一种统治形式"。新中国 70 多年的实践向世界说明一个真理：治理一个国家、推动一个国家实现现代化，并不是只有选择西方制度模式这一条道路，各国完全可以走出自己的道路来。每个国家、每个民族都有权选择适合自己的制度，开创具有本国特色的现代化道路。中国特色社会主义制度的巨大成功，就是有力证明。"中国之治"及其展现的中国特色社会主义制度优势，向世界展示了现代化道路的多样性、人类文明的丰富性以及国家制度和国家治理体系的可选择性，为发展中国家走向现代化提供了全新选择。

二、中国特色社会主义制度具有巨大优越性

看一个制度好不好、优越不优越，应当从政治上、大的方面去评判和把握，主要看是否符合国情、是否有效管用、是否得到人民拥护。"鞋子合不合脚，自己穿了才知道。"世界上没有完全相同的政治制度模式，政治制度不能脱离特定的社会政治条件和历史文化传统来抽象评判，更不能生搬硬套外国政治制度模式。

中国特色社会主义制度是有多方面显著优势的国家制度。习近平同志在庆祝全国人民代表大会成立 60 周年大会上的讲话中提出了衡量政治制度"八个能否"的标准，指出：评价一个国家政治制度是不是民主的、有效的，主要看国家领导层能否依法有序更替，全体人民能否依法管理国家事务和社会事务、管理经济和文化事业，人民群众能否畅通表达利益要求，社会各方面能否有效参与国家政治生活，国家决策能否实现科学化、民主化，各方面人才能否通过公平竞争进入国家领导和管

理体系，执政党能否依照宪法法律规定实现对国家事务的领导，权力运用能否得到有效制约和监督。① 党的十九届四中全会从十三个方面凝练概括的中国特色社会主义制度的显著优势，体现了"八个能否"的衡量标准，证明中国特色社会主义制度是一个行得通、真管用、有效率的制度。中国特色社会主义制度之所以具有十三个方面的显著优势，很重要的在于我们党把开拓正确道路、发展科学理论、建设有效制度有机统一起来，用中国化的马克思主义、发展着的马克思主义指导国家制度建设，及时把成功实践经验转化为制度成果，使我国国家制度既体现科学社会主义基本原则，又具有鲜明的中国特色、民族特色、时代特色；很重要的还在于这个制度从来不排斥任何有利于中国发展进步的他国国家治理经验，而是博采众长，坚持以我为主、为我所用，去其糟粕、取其精华，能够在自我完善和发展中长期保持和不断增强自己的优越性。

中国特色社会主义制度是保证人民当家作主的国家制度。我国是工人阶级领导的、以工农联盟为基础的人民民主专政的社会主义国家，国家的一切权力属于人民。中国特色社会主义制度坚持党的领导、人民当家作主、依法治国有机统一，把党的领导作为人民当家作主和依法治国的根本保证，把人民当家作主作为社会主义民主政治的本质特征，把依法治国作为党领导人民治理国家的基本方式，推动三者统一于我国社会主义民主政治伟大实践。习近平同志强调："民主不是装饰品，不是用来做摆设的，而是要用来解决人民要解决的问题的。"② 我国的人民当家作主制度，具体地、现实地体现在中国共产党执政和国家治理之中，具体地、现实地体现在党和国家机关各个方

---

① 参见习近平：《在庆祝全国人民代表大会成立60周年大会上的讲话》，人民出版社2014年版，第16—17页。

② 习近平：《在庆祝中国人民政治协商会议成立65周年大会上的讲话》，人民出版社2014年版，第18页。

面、各个层级的工作之中，具体地、现实地体现在人民依法通过各种途径和形式管理国家事务、管理经济和文化事业、管理社会事务的实践之中，是服务全体人民、保障全体人民根本权益的制度，而不是为某一个特定阶级、特定集团利益服务的制度。这正是中国特色社会主义制度与资本主义制度的根本区别所在，也是中国特色社会主义制度有效运行、不断完善、巩固发展的基础所在。

中国特色社会主义制度是解放和发展社会生产力、增强社会活力的国家制度。新中国成立以来特别是改革开放以来，中国共产党带领中国人民取得的发展成就和治理成就举世瞩目。从"一穷二白"到经济总量稳居世界第二，从人民温饱不足到进入世界中等收入国家行列，从物资短缺到成为全球货物贸易第一大国，从封闭半封闭到参与全球治理，从世界体系边缘到日益走近世界舞台中央，中国经历如此巨变，用几十年时间走完了发达国家几百年走过的工业化历程。我国经济快速发展奇迹和社会长期稳定奇迹，从根本上说正是中国特色社会主义制度的奇迹。中国特色社会主义制度具有的强大生命力和巨大优越性，集中到一点，就是这个制度能够持续推动拥有 14 亿多人口大国进步和发展、确保拥有五千多年文明史的中华民族实现"两个一百年"奋斗目标进而实现伟大复兴。

三、中国特色社会主义制度与时俱进，不断完善和发展

恩格斯说过："所谓'社会主义社会'不是一种一成不变的东西，而应当和任何其他社会制度一样，把它看成是经常变化和改革的社会。"[①]特别是在中国这样一个经济文化落后的半殖民地半封建的东方大国夺

---

① 《马克思恩格斯选集》第 4 卷，人民出版社 2012 年版，第 601 页。

取全国政权、建立社会主义制度，是马克思主义发展史上的崭新课题，更要把马克思主义基本原理同中国具体实际相结合，不断探索实践，不断改革创新。实践证明，中国特色社会主义制度是在改革开放中与时俱进、不断实现自我完善和发展的制度。

中国特色社会主义制度是特色鲜明、富有效率的好制度，但还不是成熟定型、尽善尽美的制度。相比我国经济社会发展的要求和人民群众的期待，相比当今世界正经历百年未有之大变局的新形势，相比实现国家长治久安的伟大目标，我国国家制度和国家治理体系还有不少亟待改进的地方，中国特色社会主义制度达到更加成熟更加定型依然任重道远。新时代，必须适应国家现代化总进程，提高党科学执政、民主执政、依法执政水平，提高国家机构履职能力，提高人民群众依法管理国家事务、经济社会文化事务、自身事务的能力，实现党、国家、社会各项事务治理制度化、规范化、程序化，不断提高运用中国特色社会主义制度有效治理国家的能力。

党的十九届四中全会围绕在我国国家制度和国家治理体系上应该"坚持和巩固什么、完善和发展什么"这个重大政治问题，明确了各项制度必须坚持的根本点和完善发展的方向，并且作出了工作部署。这次全会既阐明了必须牢牢坚持的重大制度和原则，又部署了需要深化的重大体制机制改革、需要推进的重点工作任务，体现了守正创新的科学方法论，体现了系统集成、协同高效的制度特色，体现了强烈的问题导向，为新时代坚持和完善中国特色社会主义制度、推进国家治理体系和治理能力现代化指明了努力方向，为推动各方面制度更加成熟更加定型提供了基本遵循。

新时代坚持和完善中国特色社会主义制度、推进国家治理体系和治理能力现代化，是有方向、有立场、有原则的。习近平同志强调："我们全面深化改革，不是因为中国特色社会主义制度不好，而是要使它更好；我们说坚定制度自信，不是要固步自封，而是要不断革除体制机制弊端，让我们的制度成熟而持久。"①习近平同志还指出，"推进国家治理体系和治理能力现代化，绝不是西方化、资本主义化"②。中国是一个大国，在涉及国家制度这样的根本性问题上，在涉及发展方向的大是大非面前，绝不讲模棱两可的话，绝不做遮遮掩掩的事，绝不犯颠覆性错误。我们要在坚持和巩固已经建立起来并经过实践检验的根本制度、基本制度、重要制度前提下，坚持解放思想、实事求是、与时俱进、求真务实，以坚持和完善中国特色社会主义制度、推进国家治理体系和治理能力现代化为主轴，深刻把握我国发展要求和时代潮流，坚决破除一切不合时宜的思想观念和体制机制弊端，继续深化各领域各方面体制机制改革，深入把握制度建设规律，注重改革系统性、整体性、协同性，善于总结实践经验和基层创造，及时将理论创新、实践创新成果上升到制度层面，使中国特色社会主义制度优越性不断增强、充分彰显。

（作者为中共中央党校（国家行政学院）习近平新时代中国特色社会主义思想研究中心主任，中共中央党校（国家行政学院）分管日常工作的副校长（副院长）何毅亭）

马克思主义的政治宣言书

制度优势是一个国家的最大优势，制度竞争是国家间最根本的竞争。制度稳则国家稳。党的十九届四中全会通过的《决定》，聚焦坚

---

① 《习近平关于社会主义政治建设论述摘编》，中央文献出版社 2017 年版，第 8—9 页。
② 《习近平关于社会主义政治建设论述摘编》，中央文献出版社 2017 年版，第 8 页。

持和完善中国特色社会主义制度、推进国家治理体系和治理能力现代化，从顶层设计上系统擘画坚持和完善支撑中国特色社会主义制度的根本制度、基本制度、重要制度，必将为实现"两个一百年"奋斗目标、实现中华民族伟大复兴的中国梦提供有力保证。

一、深刻把握《决定》的重大现实意义和深远历史意义

党的十九届四中全会专门研究国家制度和国家治理问题并作出决定，这在我们党的历史上是第一次，充分体现了以习近平同志为核心的党中央高瞻远瞩的战略眼光和强烈的历史担当。全会通过的《决定》是一篇马克思主义的纲领性文献，也是一篇坚持和发展中国特色社会主义的政治宣言书，对决胜全面建成小康社会、全面建设社会主义现代化国家，对巩固党的执政地位、确保党和国家长治久安，具有重大现实意义和深远历史意义。

为推进新时代我国国家制度和国家治理体系建设提供科学指南。《决定》把握我国历史进程和时代发展潮流，全面总结党领导人民在我国国家制度建设和国家治理方面取得的成就、积累的经验、形成的原则，重点阐述坚持和完善支撑中国特色社会主义制度的根本制度、基本制度、重要制度，部署需要深化的重大体制机制改革、需要推进的重点工作任务，全面回答了在我国国家制度和国家治理上应该"坚持和巩固什么、完善和发展什么"这个重大政治问题，标志着我们党对巩固发展社会主义制度的规律性认识达到了新高度，是坚持和完善中国特色社会主义制度、推进国家治理体系和治理能力现代化的政治宣言和行动纲领。

为新时代坚持和发展中国特色社会主义提供坚强制度保证。新中国成立70多年来，我们党领导人民建立和完善中国特色社会主义制

度，形成和发展党的领导和经济、政治、文化、社会、生态文明、军事、外事等各方面制度，不断加强和完善国家治理。这为我们创造世所罕见的经济快速发展奇迹和社会长期稳定奇迹，为中华民族迎来从站起来、富起来到强起来的伟大飞跃提供了根本保证。《决定》为形成更加成熟更加定型的中国特色社会主义制度奠定了坚实基础，对于统筹推进"五位一体"总体布局、协调推进"四个全面"战略布局，对于坚定中国特色社会主义道路自信、理论自信、制度自信、文化自信，统揽伟大斗争、伟大工程、伟大事业、伟大梦想，确保党和国家兴旺发达、长治久安，具有重大意义。

为坚定中国特色社会主义制度自信提供基本依据。"中国之治"凸显了中国特色社会主义制度和国家治理体系的强大生命力和巨大优越性。《决定》系统描绘了中国特色社会主义制度的"图谱"，凝练概括我国国家制度和国家治理体系十三个方面的显著优势，提出与时俱进完善和发展的前进方向和工作要求，充分展现了我们党在国家制度建设上的深谋远虑、高度自信和坚强意志，为全党全国各族人民坚定制度自信提供了基本依据和强大精神动力，也有助于增进国际社会对我国制度的认识和认同。

为新时代改革开放提供基本遵循。新时代改革开放具有许多新的内涵和特点，其中很重要的一点就是制度建设分量更重，改革更多面对的是深层次体制机制问题，对改革顶层设计要求更高，对改革的系统性、整体性、协同性要求更强，相应地建章立制、构建体系的任务更重。全会提出的目标和任务，很多都是我国国家制度和国家治理体系建设中的空白点和薄弱点，集中体现了新时代改革开放的新内涵和新特点，为继续深化各领域各方面体制机制改革，形成系统完备、科学规范、运行有效的制度体系提供了基本遵循。

为应对风险挑战、赢得战略主动提供坚强保证。当今世界正经历百年未有之大变局，我国正处于实现中华民族伟大复兴关键时期，改革发展稳定、内政外交国防、治党治国治军各方面任务之繁重前所未有，我们面临的风险挑战之严峻前所未有。面对新形势新任务新挑战，《决定》准确把握国内国际两个大局蕴含的重大历史机遇，深刻分析风险挑战，强调既要坚持好、巩固好经过长期实践检验的我国国家制度和国家治理体系，又要完善好、发展好我国国家制度和国家治理体系，不断把我国制度优势更好转化为国家治理效能，为我们党保持战略定力、战胜艰难险阻提供坚强保证。

为推进全面从严治党、加强党的建设提供制度保障。中国共产党是最高政治领导力量，办好中国的事情，关键在党。党的领导是坚持和完善中国特色社会主义制度、推进国家治理体系和治理能力现代化最根本的政治保证。《决定》突出坚持和完善党的领导制度，抓住了国家治理的关键和根本，对于更好发挥我国国家制度和国家治理体系的显著优势，确保党始终成为中国特色社会主义事业的坚强领导核心，具有重大而深远的意义。

二、深刻把握《决定》的鲜明特色

党的十九届四中全会是一次具有开创性、里程碑意义的重要会议，《决定》准确把握我国国家制度和国家治理体系的演进方向和规律，具有许多重大的鲜明特色。

充分体现了理论和实践的有机统一。《决定》把马克思主义基本原理同我国具体实际相结合，创造性地发展了马克思主义，用发展着的马克思主义、中国化的马克思主义指导新时代我国国家制度和国家治理体系建设，既坚持科学社会主义的基本原理，又体现中国特色和时代特点。《决定》集中体现了我们党创造性地运用马克思主义国家学说、制度学说解决当代中国实践问题所达到的新高度，集中体现了我们党深化对共产党执政规律、社会主义建设规律、人类社会发展规律的认识所达到的新水平，集中体现了我们党治国理政所达到的新境界，是对马克思主义理论宝库的重大发展。与此同时，《决定》坚持问题导向，突出系统集成、协同高效，既阐明必须牢牢坚持的重大制度和原则，又部署推进制度建设的重大任务和举措，体现了鲜明的实践特色，体现了问题导向和目标导向的统一。

充分体现了继承和创新的有机统一。《决定》系统总结了中国特色社会主义制度和国家治理体系发展的历史性成就和十三个方面的显著优势，这些显著优势是新中国成立70多年来、改革开放40多年来特别是党的十八大以来我们党在国家制度和国家治理体系建设方面的宝贵经验，必须长期坚持。与此同时，《决定》与时俱进、守正创新，在国家制度和治理体系建设上又有许多重大创新。比如，《决定》明确提出，要坚持马克思主义在意识形态领域指导地位的根本制度，这是事关党和国家事业长远发展、事关我国社会主义文化前进方向和发展道路的重大制度创新，标志着我们党对社会主义文化建设规律的认识达到了一个新境界。《决定》将公有制为主体、多种所有制经济共同发展，按劳分配为主体、多种分配方式并存，社会主义市场经济体制作为社会主义基本经济制度予以明确，这标志着我国社会主义经济制度更加成熟、更加定型，对于更好解放和发展社会生产力，坚持和发展中国特色社会主义具有重要指导意义。《决定》强调把我国制度优势更好转化为国家治理效能，明确提出中国特色社会主义法治体系、中国特色社会主义行政体制、社会主义基本经济制度、繁荣发展社会主义先进文化的制度、统筹城乡的民生保障制度、共建共治共享的社会治理制度、生态文明制度体系、党对人民军队的绝对领导制度、"一国两制"制度体系、党和国家监督体系等重大制度创新成果。这些制度创新成果是习近平新时代中国特色社会主义思想的重要组成部分，是我们党治国理政思想的重大创新，是对马克思主义国家学说、制度学说的丰富和发展。

充分体现了现实性和前瞻性的有机统一。《决定》立足当前、着眼长远，既着眼于解决在复杂的现实治理中遇到的制度层面问题，又以面向未来的战略视野，为应对前进道路上一系列重大风险和挑战科学谋划巩固党的执政地位、确保党和国家长治久安的前瞻性和战略性制度安排。《决定》提出了坚持和完善中国特色社会主义制度、推进国家治理体系和治理能力现代化的总体目标，即到我们党成立100年时，在各方面制度更加成熟更加定型上取得明显成效；到2035年，各方面制度更加完善，基本实现国家治理体系和治理能力现代化；到新中国成立100年时，全面实现国家治理体系和治理能力现代化，使中国特色社会主义制度更加巩固、优越性充分展现。这个总体目标，既强调了科学理论指导，又明确了重大方针原则；既阐明了基本思路，又确立了战略重点，为坚持和完善中国特色社会主义制度、推进国家治理体系和治理能力现代化指明了方向。

充分体现了整体推进和重点突破的有机统一。中国特色社会主义制度是一个严密完整的科学制度体系，起四梁八柱作用的是根本制度、基本制度、重要制度。《决定》既注重系统性、整体性，又突出重点论；既注重顶层设计，又强调重点突破、抓"牛鼻子"。《决定》突出坚持和完善党的领导制度，突出党的领导制度在国家治理体系中的统摄性地位。《决定》提出的坚持和完善党的领导制度体系，坚持和完善人民当家作主制度体系，建立不忘初心、牢记使命的制度，健全人民文化权益保障制度，构建服务全民终身学习的教育体系，建立解决相对贫困的长效机制，建设社会治理共同体，完善正确处理新形势下人民内部矛盾有效机制，全面建立资源高效利用制度，建立健全特别行政区维护国家安全的法律制度和执行机制等，充分体现了党的十九大确立的战略目标和重大任务，与"五位一体"总体布局和"四个全面"战略布局相衔接，是新时代坚持和发展中国特色社会主义在制度层面的具体展开，是发挥我国制度优势、提高国家治理水平的重要方向。

三、学习好、贯彻好党的十九届四中全会精神

坚持和完善中国特色社会主义制度、推进国家治理体系和治理能力现代化，推动中国特色社会主义制度更加成熟、更加定型，是带有根本性、全局性、战略性的重大问题。当前最重要的政治任务是把党的十九届四中全会精神学习好、贯彻好。这就要求我们增强"四个意识"，坚定"四个自信"，坚决做到"两个维护"，提高政治站位，把准政治方向，把牢舆论导向，在思想上政治上行动上同以习近平同志为核心的党中央保持高度一致，切实增强政治责任感和使命感，确保党中央作出的决策部署得到不折不扣贯彻落实。

学习好、贯彻好党的十九届四中全会精神，必须坚定不移地用习近平新时代中国特色社会主义思想武装全党、教育人民、指导工作。习近平同志指出："理论上的成熟是政治上成熟的基础，政治上的坚定源于理论上的清醒。"[1] 必须坚持以习近平新时代中国特色社会主义思想为指导，坚定不移地用党的创新理论成果武装头脑，不断提高理论思维水平。理论界要深入学习贯彻党的十九届四中全会精神，深入研究阐释全会提出的新思想新观点新要求，研究阐释中国特色社会主义根本制度、基本制度、重要制度，研究阐释坚持和完善中国特

---

[1] 《习近平关于"不忘初心、牢记使命"论述摘编》，党建读物出版社、中央文献出版社 2019 年版，第 45 页。

色社会主义制度、推进国家治理体系和治理能力现代化的一系列重大理论和实践问题，不断推出有思想含量、有理论分量、有话语质量的研究成果。

学习好、贯彻好党的十九届四中全会精神，必须坚持党的全面领导。党的领导是中国特色社会主义最本质的特征，是中国特色社会主义制度的最大优势，也是坚持和完善中国特色社会主义制度、推进国家治理体系和治理能力现代化最根本的政治保证。我们要抓好坚持和巩固、完善和发展、遵守和执行，毫不动摇坚持中国特色社会主义制度，与时俱进完善中国特色社会主义制度和国家治理体系，在党中央统一领导下，科学谋划、精心组织、远近结合、整体推进。要切实强化制度意识，维护制度权威，在全党全社会形成自觉尊崇制度、严格执行制度、坚决维护制度的良好风气。我们要更加紧密地团结在以习近平同志为核心的党中央周围，以饱满的精神状态、扎实的研究成果，推动党的十九届四中全会精神贯彻落实，为坚持和完善中国特色社会主义制度、推进国家治理体系和治理能力现代化，为实现"两个一百年"奋斗目标、实现中华民族伟大复兴的中国梦作出积极贡献。

（作者为中国社会科学院党组书记、院长　谢伏瞻）

"两大奇迹"

党的十九届四中全会《决定》指出，新中国成立七十年来，我们党领导人民创造了世所罕见的经济快速发展奇迹和社会长期稳定奇迹。

经济快速发展奇迹主要体现在：我国用几十年时间走完了发达国家几百年走过的工业化历程，我国经济总量已稳居世界第二，并成为世界第一制造业大国、第一大货物贸易国、第一大外汇储备国、第二大外国直接投资目的地国和来源国。1952 年，我国国内生产总值仅为 679 亿元，2019 年国内生产总值达到近百万亿元。改革开放 40 多年来，我国已有 7 亿多农村贫困人口摆脱贫困，创造了人类减贫史上的奇迹。

社会长期稳定奇迹主要体现在：我国既经历了巨大的经济社会变迁，也经受了不少重大考验，如抗美援朝战争、1998 年特大洪灾、2003 年非典重大疫情、2008 年四川汶川特大地震、2020 年抗击新冠肺炎疫情斗争等。在党中央坚强领导下，我们不但胜利渡过了难关，而且持续保持国家政治和社会大局稳定，人民安居乐业，取得一系列重大成就。

中国特色社会主义根本制度、基本制度、重要制度

中国特色社会主义制度是一个严密完整的科学制度体系，起四梁八柱作用的是根本制度、基本制度、重要制度。党的领导制度是我国的根本领导制度。人民代表大会制度是坚持党的领导、人民当家作主、依法治国有机统一的根本政治制度。必须坚持马克思主义在意识形态领域指导地位的根本制度。中国共产党领导的多党合作和政治协商制度是我国一项基本政治制度。民族区域自治制度是我国一项基本政治制度，是中国特色解决民族问题的正确道路的重要内容和制度保障。基层群众自治制度是我国一项基本政治制度，它以农村村民委员会、城市居民委员会和职工代表大会为主要形式。公有制为主体、多种所有制经济共同发展，按劳分配为主体、多种分配方式并存，社会

主义市场经济体制等是我国的社会主义基本经济制度。中国特色社会主义制度还形成了其他各方面的重要制度。比如，"一国两制"是党领导人民实现祖国和平统一的一项重要制度，是中国特色社会主义的一个伟大创举。

延伸阅读 ▶

习近平：《坚持和完善中国特色社会主义制度推进国家治理体系和治理能力现代化》，《求是》2020 年第 1 期。

习近平：《关于〈中共中央关于坚持和完善中国特色社会主义制度、推进国家治理体系和治理能力现代化若干重大问题的决定〉的说明》，《人民日报》2019 年 11 月 6 日。

《筑牢中国长治久安的制度根基——〈中共中央关于坚持和完善中国特色社会主义制度、推进国家治理体系和治理能力现代化若干重大问题的决定〉诞生记》，《人民日报》2019 年 11 月 7 日。

一、党的集中统一领导的显著优势

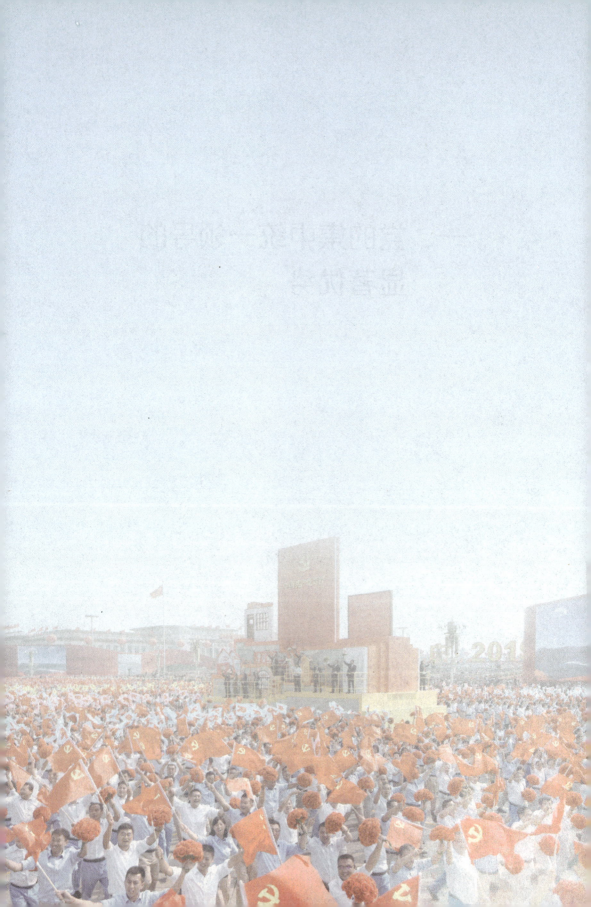

我国社会主义政治制度优越性的一个突出特点是党总揽全局、协调各方的领导核心作用，形象地说是"众星捧月"，这个"月"就是中国共产党。在国家治理体系的大棋局中，党中央是坐镇中军帐的"帅"，车马炮各展其长，一盘棋大局分明。如果中国出现了各自为政、一盘散沙的局面，不仅我们确定的目标不能实现，而且必定会产生灾难性后果。

——习近平总书记 2015 年 2 月 2 日在省部级主要领导干部学习贯彻党的十八届四中全会精神全面推进依法治国专题研讨班上的讲话（引自《习近平关于社会主义政治建设论述摘编》，中央文献出版社 2017 年版，第 31 页）

一个人也好，一个政党也好，最难得的就是历经沧桑而初心不改、饱经风霜而本色依旧。党的初心和使命是党的性质宗旨、理想信念、奋斗目标的集中体现，激励着我们党永远坚守，砥砺着我们党坚毅前行。从石库门到天安门，从兴业路到复兴路，我们党近百年来所付出的一切努力、进行的一切斗争、作出的一切牺牲，都是为了人民幸福和民族复兴。

——习近平总书记 2020 年 1 月 8 日在"不忘初心、牢记使命"主题教育总结大会上的讲话（引自《习近平谈治国理政》第三卷，外文出版社 2020 年版，第 538 页）

穿越风雨的勇气

　　2020年2月，在中国人民齐心协力抗击新冠肺炎疫情时，有位远在欧洲的华人的感叹在网上传播甚广：面对空前的疫情，十几亿人口的中国，水不停，电不停，暖不停，通信不停，生活物资供应不停，社会秩序不乱，各方有条不紊地应对疫情，这在国外是不敢想象的。

是的，只有在中国，只有在中国共产党领导下，才能做到。

一声号令，广大党员干部挺身而出，冲锋在第一线、战斗在最前沿；一声号令，全军 4000 多名医护人员火速驰援武汉，驻鄂部队抗击疫情运力支援队通宵达旦调运物资；一声号令，火神山、雷神山医院建设夜以继日，方舱医院改造分秒必争，快速实现"人等床"到"床等人"；一声号令，对重要物资实行国家统一调度，多措并举保障重点地区医用物资和生活物资供应；一声号令，19 个省份集中优势资源，对口支援湖北省除武汉市外的 16 个市州及县级市……

一幕幕场景令人感动，又都似曾相识。1998 年特大洪水，27 万官兵、800 多万干部群众奋战抗洪一线；2003 年抗击非典，兄弟省区市紧急调配送来大批防疫物资，周边地区纷纷打通绿色通道，保障北京物资供应；2008 年汶川地震，19 个省市无私援助灾区人民，3 年时间就在废墟上重建家园……一次次穿越风雨的勇气，来源于一方有难、八方支援的民族精神，来源于同舟共济、守望相助的家国情怀，更来源于中国共产党领导和中国特色社会主义制度的显著优势。

马克思说过："我们知道个人是微弱的，但是我们也知道整体就是力量。"坚持全国一盘棋，调动各方面积极性，集中力量办大事，是我国国家制度和国家治理体系的显著优势之一，也是我们打赢疫情防控阻击战的根本依靠。从武汉到湖北，从湖北到全国，在以习近平同志为核心的党中央统一指挥、统一协调、统一调度下，拧成一股绳、下好一盘棋，社会主义制度释放出强大的领导能力、应对能力、组织动员能力、贯彻执行能力，转化为应对大风大浪、抵御风险挑战时的治理效能。

（摘编自《风雨无阻向前进》，《人民日报》
2020 年 3 月 26 日，作者：任仲平）

共产党人的初心

在福建邵武市拿口镇，谈起廖俊波，人们总要说到一条路。

拿口镇由两个乡镇合并而成。原朱坊乡的 20 多个村庄地处偏僻，没有一条硬化公路，致使 1.3 万村民苦不堪言。

一条路，关乎一方土地的未来，更关系到两个片区群众的和谐发展。必须修筑这条民心路！为了这条路，廖俊波捐出一个月工资，动员全乡干部和教师捐款，并游说当地企业家赞助，四处奔波，苦苦“化缘”。为了这条路，廖俊波日夜值守现场，协调监督施工质量，给石子“洗澡”以避免质量隐患……

2000 年 12 月 26 日，公路终于通车。当天上午，数百名群众自发涌向乡政府，几十位白发苍苍的老翁和老婆婆，从家里拿出铁锅和脸盆，用铁勺拼命地敲击着，脸上全是笑容和泪水。

廖俊波，是县委书记的楷模，是百姓心中的丰碑，他用自己的一生践行了中国共产党人的初心和使命。

（摘编自《初心》，《人民日报》2017 年
9 月 27 日，作者：李春雷）

面对突如其来的新冠肺炎疫情，十几亿人口的中国，生活物资供应不停，社会秩序不乱，各方有条不紊地应对疫情，这在国外是不敢想象的。是的，只有在中国，只有在中国共产党领导下，才能做到。我国社会主义政治制度优越性的一个突出特点是党总揽全局、协调各方的领导核心作用，形象地说是"众星捧月"，这个"月"就是中国共产党。中国共产党领导是中国特色社会主义最本质的特征，是中国特色社会主义制度的最大优势，党是最高政治领导力量。我们必须深刻认识党的领导制度在国家制度中的统领地位，在坚定中国特色社会主义制度自信中推进国家治理体系和治理能力现代化，把我国制度优势更好转化为国家治理效能。

制度优势

深刻认识党的领导制度
在国家制度中的统领地位

党的十九届四中全会审议通过的《决定》突出坚持和完善党的领导制度，抓住了国家治理的关键和根本，体现了我们党对中国特色社会主义制度的坚定自信，对我国国家制度和国家治理体系演进方向和规律的深刻把握。我们必须深刻认识党的领导制度在国家制度中的统领地位，在增强中国特色社会主义制度自信中推进国家治理体系和治理能力现代化，把我国制度优势更好转化为国家治理效能。

一、坚持和完善党的领导制度是国家治理的关键和根本

习近平同志指出："中国共产党领导是中国特色社会主义最本质的特征，是中国特色社会主义制度的最大优势。"[1]"党政军民学，东西南北中，党是领导一切的，是最高的政治领导力量。"[2]

同习近平同志有关重要论述相贯通、相一致，党的十九届四中全会从坚持和完善我国国家制度和国家治理体系全局出发，就坚持党的领导制度的统领地位作出系统深入的阐述。这次全会回顾总结我国建立和完善社会主义制度、加强和完善国家治理的历史性成就，反映了我们党团结带领人民进行不懈探索实践的非凡历史过程和重大历史成果；系统阐释我国国家制度和国家治理体系十三个方面的显著优势，第一位的就是坚持党的集中统一领导，坚持党的科学理论，保持政治稳定，确保国家始终沿着社会主义方向前进的显著优势；部署坚持和完善中国特色社会主义制度、推进国家治理体系和治理能力现代化的重大任务，首要的也是强调坚持和完善党的领导制度体系，提高党科学执政、民主执政、依法执政水平。可以看出，坚持和加强党的全面领导、坚持和完善党的领导制度体系，是我们推进各方面制度建设、推动各项事业发展、加强和改进各方面工作的根本要求；坚持和完善我国国家制度和国家治理体系，必须坚持党的领导制度的统领地位。

以党的领导制度为统领的我国国家制度和国家治理体系，是创造和理解"中国奇迹""中国之治"的"制度密钥"。新中国成立 70 多年来，我们之所以能够创造经济快速发展奇迹和社会长期稳定奇迹，关键在

---

[1]　习近平：《在庆祝改革开放 40 周年大会上的讲话》，人民出版社 2018 年版，第 22 页。

[2]　《习近平新时代中国特色社会主义思想学习纲要》，学习出版社、人民出版社 2019 年版，第 68 页。

于党的领导和党的领导制度的巩固和发展。正是因为始终在党的领导下，集中力量办大事，国家统一有效组织各项事业、开展各项工作，才能成功应对一系列重大风险挑战、克服无数艰难险阻，创造"中国奇迹"、形成"中国之治"。突出坚持和完善党的领导制度，就能抓住我国国家治理的关键和根本。

二、始终坚持党的集中统一领导

始终坚持党的集中统一领导，是中国特色社会主义事业发展的必然要求。党的领导和中国特色社会主义发展是不可分割的，党的领导制度的完善同中国特色社会主义制度的完善是相辅相成的。没有中国共产党领导，中国特色社会主义事业就会失去政治、思想和组织保障；离开中国特色社会主义事业的发展，中国共产党就无法践行自己的初心和使命。新中国成立70多年来，从完成社会主义革命、确立社会主义基本制度，到进行改革开放新的伟大革命、开辟中国特色社会主义道路，再到进行具有许多新的历史特点的伟大斗争、中国特色社会主义进入新时代、中华民族迎来了从站起来、富起来到强起来的伟大飞跃，都是中国共产党带领中国人民一步步走过来的，都是在不断坚持和完善党的领导制度体系、提高党治国理政水平中实现的。《决定》深入分析我国国家制度和国家治理体系的发展历程和发展成就，也是与党领导人民建立和完善中国特色社会主义制度、开辟和拓展中国特色社会主义道路的历程和成就紧密联系在一起的。

始终坚持党的集中统一领导，是确保中国始终沿着正确方向前进的关键所在。《决定》提出"坚持党的集中统一领导，坚持党的科学理论，保持政治稳定，确保国家始终沿着社会主义方向前进的显著优势"，是有着深刻理论逻辑和实践支撑的重要结论。作为一个肩负着崇高使命的马克思主义执政党，作为最高政治领导力量，中国共产党无论是处于顺境还是逆境，都始终坚守马克思主义的政治信仰，坚守自己的初心使命，并与时俱进推进理论创新、实践创新、制度创新，团结带领中国人民不断取得中国革命、建设、改革的伟大成就。这反映在党带领人民建设新中国的整个历史进程中，反映在党领导人民治国理政的各方面具体实践中，也反映在顺应时代大势的"历史抉择"上。党的十八大以来，面对世界百年未有之大变局，以习近平同志为核心的党中央领导人民开拓创新、攻坚克难，坚定道路自信、理论自信、制度自信、文化自信，勇于进行具有许多新的历史特点的伟大斗争，推动党和国家事业取得历史性成就、发生历史性变革，使科学社会主义在21世纪焕发新的生机活力。这充分表明，中国共产党在引领国家发展中有效发挥了政治主心骨和政治领航者作用；坚持和完善中国特色社会主义制度、推进国家治理体系和治理能力现代化，必须坚持党的领导，自觉贯彻党总揽全局、协调各方的根本要求。

始终坚持党的集中统一领导，是我国社会主义政治制度优越性的一个突出特点。习近平同志指出："中国最大的国情就是中国共产党的领导。什么是中国特色？这就是中国特色。""坚持和完善党的领导，是党和国家的根本所在、命脉所在，是全国各族人民的利益所在、幸福所在。"①《决定》系统阐述我国国家制度和国家治理体系十三个方面的显著优势，这些显著优势都同党的领导这一根本领导制度密切相关，也都离不开这一根本领导制度的支撑。中国共产党以为人民谋幸福、为民族谋复兴、为世界谋大同为己任，代表中国最广大人民根本利益，为各方面制度的确立、发展和完善提供了崇高的思想引领和价值追求，也使各方面的国家制度在体现人民共同意愿、妥善处理各种利益关系、

---

① 《习近平关于社会主义政治建设论述摘编》，中央文献出版社2017年版，第28、34页。

保持社会创造活力、维护社会和谐稳定等方面形成统一意志和制度合力；中国共产党把推进理论创新、实践创新同推进制度创新作为一个统一的历史进程，不断为各方面制度的发展与完善提供"源头活水"，避免制度建设出现停滞和僵化，为国家制度和国家治理体系的创新发展提供了不竭动力；中国共产党坚持以总揽全局、协调各方的领导核心作用和上下贯通、执行有力的组织领导体系，实现了社会各方面力量和资源的有效整合，保证了我国国家制度和国家治理体系的实际效果；等等。因此，《决定》指出："坚决维护党中央权威，健全总揽全局、协调各方的党的领导制度体系，把党的领导落实到国家治理各领域各方面各环节。"

三、坚持和完善党的领导制度体系

任何一种政治制度都是动态发展的，中国共产党的领导制度也有一个与时俱进、不断完善的问题。坚持党的领导制度的统领地位，目的在于坚持发挥党总揽全局、协调各方的领导核心作用，提高党科学执政、民主执政、依法执政水平，保证党领导人民有效治理国家。为此，党的十九届四中全会就坚持和完善党的领导制度体系作出科学部署，提出建立不忘初心、牢记使命的制度，完善坚定维护党中央权威和集中统一领导的各项制度，健全党的全面领导制度，健全为人民执政、靠人民执政各项制度，健全提高党的执政能力和领导水平制度，完善全面从严治党制度六个方面的重要工作部署。

这六个方面的工作部署，既是历史经验特别是党的十八大以来实践经验的重要体现，也是顺应时代要求、实践发展和人民群众期待的新的制度安排；既有强化党的集中统一领导的工作要求，也有提高党的领导能力和领导水平的重要举措；既有维护民主集中制方面的制度规范，也有完善党领导人大、政府、政协、监察机关、审判机关、检察机关、武装力量、人民团体、企事业单位、基层群众自治组织、社会组织等制度，健全各级党委（党组）工作制度，确保党在各种组织中发挥领导作用，体现了党领导人民进行社会革命同进行自我革命的有机统一，为坚持和完善党的领导制度体系提供了基本遵循。可以预见，随着党的领导制度体系不断发展，党的领导制度在我国国家制度中的统领地位将得到更好体现，我国国家制度和国家治理体系的优势将得到更好发挥。

（作者为中共中央党校（国家行政学院）副校长（副院长），
中共中央党校（国家行政学院）习近平新时代中国特色
社会主义思想研究中心副主任　甄占民）

建立不忘初心、牢记使命的制度

党的十九届四中全会《决定》首次提出，"建立不忘初心、牢记使命的制度"。这一重大制度创举，对于进一步坚持思想建党、理论强党、制度治党具有重大而深远的意义，我们要深刻理解把握、认真贯彻落实。

一、建立不忘初心、牢记使命的制度意义重大

无论对于当前还是对于今后，无论对于坚持和完善中国特色社会主义制度还是对于巩固党的执政地位，无论对于建设伟大工程还是对于进行伟大斗争、推进伟大事业、实现伟大梦想，建立不忘初心、牢

记使命的制度都是十分重要和必要的。

这是巩固发展"不忘初心、牢记使命"主题教育成果的迫切需要。"不忘初心、牢记使命"主题教育取得了明显成效。习近平同志强调，"通过健全制度、完善机制，使'不忘初心、牢记使命'这个党的建设的永恒课题、党员干部的终身课题常抓常新"①。贯彻落实习近平同志这一重要要求，就要在主题教育生动实践的基础上探索建立科学有效、务实管用的制度机制。

这是始终坚持党的全面领导、巩固党的执政地位和执政基础的迫切需要。习近平同志指出："回顾党的历史，为什么我们党在那么弱小的情况下能够逐步发展壮大起来，在腥风血雨中能够一次次绝境重生，在攻坚克难中能够不断从胜利走向胜利，根本原因就在于不管是处于顺境还是逆境，我们党始终坚守为中国人民谋幸福、为中华民族谋复兴这个初心和使命，义无反顾向着这个目标前进，从而赢得了人民衷心拥护和坚定支持。"②这就告诉我们，不忘初心、牢记使命是我们党的制胜法宝，我们党要长期执政，我们国家要长治久安，党就必须始终坚持为中国人民谋幸福、为中华民族谋复兴，就必须建立不忘初心、牢记使命的制度。

这是永葆党的先进性和纯洁性、永葆党的生机活力的迫切需要。党的性质宗旨、理想信念和创新理论是党的先进性和纯洁性的集中体现。建立不忘初心、牢记使命的制度，必将推动全党更好遵守党章，恪守党的性质宗旨、理想信念和创新理论，永葆党的先进性和纯洁性。习近平同志指出，"初心和使命是激励中国共产党人不断前进的根本动力"，"干部要把党的初心、党的使命铭刻于心，这样，

---

① 《深入学习贯彻党的十九届四中全会精神　提高社会主义现代化国际大都市治理能力和水平》，《人民日报》2019 年 11 月 4 日。

② 《习近平谈治国理政》第三卷，外文出版社 2020 年版，第 530 页。

人生奋斗才有更高的思想起点，才有不竭的精神动力"。① 建立不忘初心、牢记使命的制度，能够保障我们党有更高的思想起点并永葆生机活力。

这是进一步提高党的建设水平、使伟大工程在"四个伟大"中起决定性作用的迫切需要。建立不忘初心、牢记使命的制度，就是要认真贯彻新时代党的建设总要求，同一切影响党的先进性、弱化党的纯洁性的问题作坚决斗争，努力将我们党建设得更加坚强有力，确保我们党始终成为坚强领导核心。而党的坚强领导正是党的建设新的伟大工程能在"四个伟大"中起决定性作用的关键所在。因此，这一制度的建立将对"四个伟大"的推进产生重大而深远的影响。

二、明确建立不忘初心、牢记使命的制度的主要内容

总的来说，建立不忘初心、牢记使命的制度，主要内容的确定要坚持强烈的问题导向和目标导向，以增强制度的针对性、有效性。从大的方面说，要注重解决好四大问题。一是解决好思想根基问题，进一步坚定理想信念。二是解决好政治站位问题，进一步增强"四个意识"、坚定"四个自信"、做到"两个维护"。三是解决好旗帜方向问题，使习近平新时代中国特色社会主义思想始终成为全党全国人民为实现中华民族伟大复兴而奋斗的行动指南，成为新时代高高飘扬的伟大旗帜。四是解决好人民情怀问题，使以人民为中心更加深入人心，永葆党的政治本色。

根据党的十九届四中全会《决定》关于建立不忘初心、牢记使命的制度的要求，这一制度大体应当包括以下六个方面的内容。

① 《习近平谈治国理政》第三卷，外文出版社 2020 年版，第 1、520 页。

关于确保全党遵守党章的内容。党章是党的总章程,集中体现党的性质和宗旨、党的理论和路线方针政策、党的重要主张,规定了党的重要制度和体制机制,是全党必须共同遵守的根本行为规范。习近平同志指出:"没有规矩,不成方圆。党章就是党的根本大法,是全党必须遵循的总规矩。"① 在各级党组织的全部活动中,都要坚持引导广大党员、干部特别是领导干部自觉学习党章、遵守党章、贯彻党章、维护党章,自觉加强党性修养,增强党的意识、宗旨意识、执政意识、大局意识、责任意识,切实做到为党分忧、为国尽责、为民奉献。

关于确保全党恪守党的性质和宗旨的内容。中国共产党是中国工人阶级的先锋队,同时是中国人民和中华民族的先锋队。党除了工人阶级和最广大人民群众的利益,没有自己特殊的利益。党最大的政治优势是密切联系群众,党执政后的最大危险是脱离群众。党坚持全心全意为人民服务,一切为了群众、一切依靠群众,从群众中来,到群众中去,把党的正确主张变为群众的自觉行动。

关于确保用共产主义远大理想和中国特色社会主义共同理想凝聚全党、团结人民的内容。党的最高理想和最终目标是实现共产主义。中国特色社会主义是改革开放以来党的全部理论和实践的主题,是党和人民历尽千辛万苦、付出巨大代价取得的根本成就。习近平同志指出:"我们干事业不能忘本忘祖、忘记初心。我们共产党人的本,就是对马克思主义的信仰,对中国特色社会主义和共产主义的信念,对党和人民的忠诚。我们要固的本,就是坚定这份信仰、坚定这份信念、坚定这份忠诚。"② 建立不忘初心、牢记使命的制度,就是要为巩固这个本提供重要制度条件。

---

① 《习近平关于全面从严治党论述摘编》,中央文献出版社 2016 年版,第 95 页。
② 《习近平关于全面从严治党论述摘编》,中央文献出版社 2016 年版,第 65 页。

关于确保用习近平新时代中国特色社会主义思想武装全党、教育人民、指导工作的内容。党的十八大以来，以习近平同志为主要代表的中国共产党人，顺应时代发展，从理论和实践结合上系统回答了新时代坚持和发展什么样的中国特色社会主义、怎样坚持和发展中国特色社会主义这个重大时代课题，创立了习近平新时代中国特色社会主义思想。习近平新时代中国特色社会主义思想是对马克思列宁主义、毛泽东思想、邓小平理论、"三个代表"重要思想、科学发展观的继承和发展，是马克思主义中国化最新成果，是党和人民实践经验和集体智慧的结晶，是中国特色社会主义理论体系的重要组成部分，是全党全国人民为实现中华民族伟大复兴而奋斗的行动指南，必须长期坚持并不断发展。

关于确保全党全面贯彻党的基本理论、基本路线、基本方略，持续推进党的理论创新、实践创新、制度创新的内容。世界每时每刻都在发生变化，中国也每时每刻都在发生变化。我们必须在理论上跟上时代，不断认识规律，不断推进理论创新、实践创新、制度创新以及其他各方面创新。党中央制定的路线方针政策、作出的决策部署，是全党全国各族人民统一思想、统一意志、统一行动的依据。建立不忘初心、牢记使命的制度，就是要求全党全面贯彻落实党的基本理论、基本路线、基本方略。

关于把不忘初心、牢记使命作为加强党的建设的永恒课题和全体党员干部的终身课题、形成长效机制的内容。开展"不忘初心、牢记使命"主题教育，是以习近平同志为核心的党中央统揽"四个伟大"作出的重大部署。这次主题教育贯彻"守初心、担使命，找差距、抓落实"的总要求，经过全党近半年的努力，已经基本达到了"理论学习有收获、思想政治受洗礼、干事创业敢担当、为民服务解难题、清正廉洁作表率"的目标，取得了明显成效。我们要按照党中央要求，切实把这次主题教育总结好，探索建立管根本、利长远、重实效的长效机制，巩固和发展这次主题教育成果，从总体上构建不忘初心、牢记使命的制度。

三、把握建立不忘初心、牢记使命的制度的原则要求

总的来说，要做到理论与实际结合，注重历史与现实贯通，坚持守正与创新统一，实现激励与约束并重。进一步说，要把握好三大原则。

把习近平新时代中国特色社会主义思想作为根本指南。习近平新时代中国特色社会主义思想是当代中国马克思主义、21世纪马克思主义，是指引全党践行初心和使命的强大思想武器。在党的十九大报告中，习近平同志对党的初心和使命作出重要阐述；在庆祝中国共产党成立95周年大会上，习近平同志就"不忘初心、继续前进"的含义和要求从八个方面进行阐发；在"不忘初心、牢记使命"主题教育工作会议上，习近平同志分别对"守初心、担使命"提出了要求；习近平同志还多次从不同角度对不忘初心、牢记使命的要义进行阐述、提出要求。习近平新时代中国特色社会主义思想既为我们理解初心和使命提供了金钥匙，又为我们践行初心和使命提供了行动指南。建立不忘初心、牢记使命的制度，必须把习近平新时代中国特色社会主义思想作为根本指南。

把党章作为根本依据。习近平同志强调："建立健全党内制度体系，要以党章为根本依据；判断各级党组织和党员、干部的表现，要以党章为基本标准；解决党内矛盾，要以党章为根本规则。"① 我们要

---

① 《习近平关于严明党的纪律和规矩论述摘编》，中央文献出版社、中国方正出版社2016年版，第51页。

从"根本依据""基本标准""根本规则"的高度加深对党章的认识，在党章的指引下制定不忘初心、牢记使命的制度，通过建立这一制度，更好保障党章的实施。

把"不忘初心、牢记使命"主题教育作为重要实践基础。这次主题教育着力聚焦"不忘初心、牢记使命"这一主题，着力突出学习贯彻习近平新时代中国特色社会主义思想这一主线，注重将"学习教育、调查研究、检视问题、整改落实"四项重点措施贯穿始终，坚持将学习教育和解决问题相结合，既通过压实党委（党组）主体责任确保主题教育扎实推进，又通过开门搞教育切实提高人民群众的参与感、获得感和满意度，务求实效，力戒形式主义和官僚主义，取得了良好效果，积累了重要经验。建立不忘初心、牢记使命的制度，要把这次主题教育作为重要实践基础，一方面认真学习习近平同志关于主题教育的重要论述、中央的重要政策等，将其中的重要精神和重要制度吸纳到不忘初心、牢记使命的制度中；另一方面吸收各级党组织行之有效的经验做法和具体制度，增强制度的可操作性。

（作者为中央马克思主义理论研究和建设工程咨询委员、
原中央党史研究室主任　欧阳淞）

中国之治

我们党把马克思主义基本原理同中国具体实际结合起来，在古老的东方大国建立起保证亿万人民当家作主的新型国家制度，使中国特色社会主义制度成为具有显著优越性和强大生命力的制度，保障我国创造出世所罕见的经济快速发展奇迹和社会长期稳定奇迹。实践充分证明，中国特色社会主义制度和国家治理体系是以马克思主义为指导、植根中国大地、具有深厚中华文化根基、深得人民拥护的制度和治理体系，是党和人民长期奋斗、接力探索、历尽千辛万苦、付出巨大代价取得的根本成就，我们必须倍加珍惜、毫不动摇坚持、与时俱进发展。

党内法规制度体系

治国必先治党，治党务必从严，从严必依法度。党内法规制度体系，是以党章为根本，以民主集中制为核心，以准则、条例等中央党内法规为主干，由各领域各层级党内法规制度组成的有机统一整体。"1+4"为基本框架的党内法规制度体系，即在党章之下分为党的组织法规制度、党的领导法规制度、党的自身建设法规制度、党的监督保障法规制度四大板块。提高党内法规制度执行力，要坚持以上率下，从各级领导机关和党员领导干部做起，以身作则、严格要求，带头尊规学规守规用规。

党的建设新的伟大工程

实现中华民族伟大复兴这一伟大梦想，必须建设伟大工程。这个伟大工程就是我们党正在深入推进的党的建设新的伟大工程。

伟大斗争，伟大工程，伟大事业，伟大梦想，紧密联系、相互贯通、相互作用，其中起决定性作用的是党的建设新的伟大工程。推进伟大工程，要结合伟大斗争、伟大事业、伟大梦想的实践来进行，确保党在世界形势深刻变化的历史进程中始终走在时代前列，在应对国内外各种风险和考验的历史进程中始终成为全国人民的主心骨，在坚持和发展中国特色社会主义的历史进程中始终成为坚强领导核心。

▎延伸阅读 ▶

习近平：《在中央和国家机关党的建设工作会议上的讲话》，《求
是》2019 年第 21 期。

习近平：《中国共产党领导是中国特色社会主义最本质的特征》，
《求是》2020 年第 14 期。

习近平：《在"不忘初心、牢记使命"主题教育总结大会上的讲
话》，《人民日报》2020 年 1 月 9 日。

二、人民当家作主的显著优势

实践充分证明，中国式民主在中国行得通、很管用。新形势下，我们必须把人民政协制度坚持好、把人民政协事业发展好，增强开展统一战线工作的责任担当，把更多的人团结在党的周围。

——习近平总书记 2019 年 9 月 20 日在中央政协工作会议暨庆祝中国人民政治协商会议成立 70 周年大会上的讲话（引自习近平：《在中央政协工作会议暨庆祝中国人民政治协商会议成立 70 周年大会上的讲话》，人民出版社 2019 年版，第 6 页）

在中国实行人民代表大会制度，是中国人民在人类政治制度史上的伟大创造，是深刻总结近代以后中国政治生活惨痛教训得出的基本结论，是中国社会 100 多年激越变革、激荡发展的历史结果，是中国人民翻身作主、掌握自己命运的必然选择。

——习近平总书记 2014 年 9 月 5 日在庆祝全国人民代表大会成立 60 周年大会上的讲话（引自习近平：《在庆祝全国人民代表大会成立 60 周年大会上的讲话》，人民出版社 2014 年版，第 4—5 页）

农民工代表讲脱贫故事

在十三届全国人大代表中，有一位来自大别山革命老区的农民工代表，他叫黄久生。这几年，他带领村里贫困群众外出打工，1.2万多人由此迈上小康之路，4800多建档立卡的贫困户在家乡建起了小楼。2019年全国两会，习近平总书记参加十三届全国人大二次会议河南代表团的审议，黄久生作为代表讲述了家乡的脱贫故事。

"有一家，三代七口人，都在工地上。70多岁的晏传忠是这户当家人，他对我说：'总书记十九大报告讲了3个多小时，我是站着听完报告的，我如果不站着听完，我就感觉对不起总书记，因为是党让我们老百姓脱贫致富了。'"

"当时听完这话，我感动得掉了泪。一个白发苍苍的老人、没上过学的农民，对总书记、对我们党这么深厚的感情……"说到这里，黄久生哽咽了。代表们凝神片刻，随即热烈鼓掌。

"你回去向这位同志转达我的问候！"习近平总书记温暖人心的话语，激起全场更加热烈的掌声。

在十三届全国人大的2980名代表中，一线工人、农民代表468名，占代表总数的15.7%。这些基层代表积极履职，生动诠

释了中国式民主的特色和优势。人民代表大会制度是中国人民当家作主的根本途径和最高实现形式，在实践中展现出旺盛生命力和巨大优越性。

（摘编自《上下同心再出发》，《人民日报》2019年3月15日，作者：霍小光、张旭东、张晓松、朱基钗）

请你来协商

"还有没有想要发言的，我都想听！我们一定要多听听接地气的话！"说这话的，是浙江省金华市委常委、义乌市委书记林毅。这场"请你来协商"对话活动，原计划从下午1：30开始、3：30

结束，实际上已经"拖堂"了将近3个小时，一直延续到晚上6点多才"刹住车"。

这场人气爆棚的对话，发生在义乌市政协2019年4月21日举行的"请你来协商——走进市场"的现场。协商的场地直接设在了义乌国际商贸城，与会的除了义乌市委书记，还有市长、相关部门负责人以及200多位市政协委员、市场经营户代表，讨论的话题也多种多样，只要是市场经营户面临的问题，都可以讨论。

"请你来协商"，是浙江省政协针对县级政协打造的综合性、开放性、常态化、制度化履职平台，有效破解了"政协协商越往基层越弱化"这一老大难问题。

有了平台助力，浙江基层政协履职更加务实有力，协商民主正逐步落地生根、开花结果。

党委和政府主要领导到场，政协主席主持，协商前充分调研，协商成果跟踪督查，这样的程序和力度，如今在浙江县级政协开展的"请你来协商"活动中已成常态、成机制。这项创新之举一经铺开，浙江各地积极探索，"请你来协商"平台正成为一座沟通基层群众和党委政府的连心桥。人民政协在基层社会治理中不断探索新的履职方式，日益发挥出更大作用。

（摘编自《"请你来协商"平台真管用》，《人民日报》2019年8月22日，作者：李昌禹、王斌）

一位普通的人大代表，把自己在生活中的亲身经历、所见所闻带到人民大会堂，与习近平总书记等党和国家领导人面对面交流，基层群众的思考、意见和心声在这里得以充分表达，这是人民代表大会制度实现最广泛、最真实、最管用民主的生动体现。政府负责人、政协委员、商户汇聚一堂，讨论如何更好服务群众日常生产经营、解决基层治理中的难点问题，真正做到有事好商量、众人的事情由众人商量，这是社会主义协商民主的独特优势。在我国，人民当家作主意味着群众能够依法实行民主选举、民主协商、民主决策、民主管理、民主监督，真正影响和塑造自己的生活，更好保障个人权益。这一制度体系，有利于激发全体人民的创造活力，汇聚起民族复兴的磅礴伟力。

支撑国家治理体系和治理能力的根本政治制度

党的十九届四中全会《决定》明确提出坚持和完善人民代表大会制度，并对新形势下坚持和完善人民代表大会制度提出总体要求、指明前进方向。人民代表大会制度是中国特色社会主义制度的重要组成部分，是国家的根本政治制度。在我国国家治理体系中，人民代表大会制度体现国家性质、决定国家权力的来源和运行方式，回答了谁来治理国家、怎样治理国家、国家治理要实现什么目标等一系列根本问题，是推进国家治理体系和治理能力现代化的有力支撑。

一、党领导人民治理国家的制度载体

中国共产党自成立之日起就致力于建立人民当家作主的新社会，带领人民艰辛探索能够实现国家富强、民族振兴、人民幸福的政治制度，并矢志不渝地为之奋斗。新中国成立后，我们党创造性地运用马克思主义国家学说，逐步确立并不断完善我国国体、政体，形成了根本政治制度、基本政治制度、基本经济制度和各方面的重要制度。人民代表大会制度是坚持党的领导、人民当家作主、依法治国有机统一的根本政治制度，具有强大生命力和显著优越性。

在我国，支持和保证人民实现当家作主，主要途径和制度载体是人民代表大会制度。根据我国宪法和相关法律，人民代表大会分为五级，人民通过选举代表组成人民代表大会。改革开放以来，我国进行了 11 次乡级人大代表直接选举、10 次县级人大代表直接选举。人民通过全国人民代表大会和地方各级人民代表大会行使国家权力，管理国家事务，管理经济文化事业，管理社会事务，把国家和民族的命运牢牢掌握在自己手中。

人民代表大会制度能够确保党的路线方针政策和决策部署在国家工作和国家治理中得到全面贯彻、充分体现和有效执行。我国国家制度和国家治理体系具有多方面的显著优势，首要的一条是坚持党的集中统一领导，坚持党的科学理论，保持政治稳定，确保国家始终沿着社会主义方向前进。把党的路线方针政策和决策部署转化为全体人民投身社会主义建设的实际行动，彰显了人民代表大会制度的优势和生命力。例如，在党的领导下，从 1953 年开始，我们从实际出发制定经济社会发展五年规划（计划），由全国人民代表大会审查批准后实施。经过人民代表大会的审查和批准，在形成广泛共识的基础上动员全社会力量，有目标有步骤地推进各项事业，有针对性地解决前进中的问题，推动经济社会持续发展。

党的十八大以来，我们党形成并统筹推进经济建设、政治建设、文化建设、社会建设、生态文明建设"五位一体"总体布局，形成并协调推进全面建成小康社会、全面深化改革、全面依法治国、全面从严治党"四个全面"战略布局。在统筹推进"五位一体"总体布局和协调推进"四个全面"战略布局的过程中，人民代表大会制度使党的主张通过法定程序成为国家意志，通过立法和法律监督，广泛凝聚社会共识，统筹兼顾不同利益诉求，最大限度调动积极因素、化解消极因素，发挥着独特的制度优势。

二、推进全面依法治国的重要制度平台

法律是治国之重器。建设法治中国，要求通过法律制度统筹社会力量、平衡社会利益、调节社会关系、规范社会行为，依靠法治解决各种社会矛盾和问题，确保我国在改革进程中既生机勃勃又安定有序。推进全面依法治国，建设社会主义法治国家，人民代表大会制度是重要制度平台。

根据我国宪法，全国人民代表大会及其常务委员会是国家立法机关，行使国家立法权。省、自治区、直辖市的人民代表大会及其常务委员会，在不同宪法、法律、行政法规相抵触的前提下，可以制定地方性法规，报全国人民代表大会常务委员会备案。设区的市的人民代表大会及其常务委员会，在不同宪法、法律、行政法规和本省、自治区的地方性法规相抵触的前提下，可以依照法律规定制定地方性法

规，报本省、自治区人民代表大会常务委员会批准后施行。

新中国成立以来特别是改革开放以来，全国人大及其常委会以宪法为统领，根据经济社会发展需要加强重点领域立法。建立并不断完善社会主义市场经济法律制度，解放和发展社会生产力，激发人民的积极性主动性创造性，激发劳动、资本、土地、知识、技术、管理、数据等要素活力，促进综合国力显著增强、人民生活显著改善。制定国家机构的组织、职权、运行规则方面的法律，确立不同国家机关的职责权限、运作方式、工作原则、议事程序，保障国家机关依法履职、协调高效运转。制定各种行政法，为行政机关依法行使职权提供规范和保障，推动适应现代化治理需要的法治政府建设。制定村民委员会组织法、城市居民委员会组织法，形成中国特色社会主义基层民主制度。制定民族区域自治法，为维护和发展平等团结互助和谐的社会主义民族关系提供法律保障。根据"一国两制"方针，制定香港特别行政区基本法、澳门特别行政区基本法，为香港和澳门的顺利回归和长期繁荣稳定提供法律保障。中国特色社会主义法律体系的形成和不断完善，确保国家和社会生活各个方面有法可依，法律体系成为经济社会发展的重要制度保障。

党的十八大以来，全国人大及其常委会和有地方立法权的地方人大及其常委会努力推进科学立法、民主立法、依法立法，以良法促善治，以宪法为核心的中国特色社会主义法律体系不断完善。截至目前，我国有国家立法275件、行政法规700余件、地方性法规12000余件，国家和社会生活的各个方面实现了有法可依。全国人大和地方各级人大及其常委会依照宪法和法律赋予的监督职权，不断加大对法律实施监督的力度，督促有关方面落实法定责任。全国人大常委会依法对行政法规、监察法规、地方性法规、司法解释等进行备案审查，实行有件必备、有备必审、有错必究，维护宪法和法律的权威和尊严。依法行使监督权，确保行政权、监察权、审判权、检察权依法正确行使，促进"一府一委两院"依法行政、依法监察、公正司法，确保公民、法人和其他组织合法权益得到切实尊重和维护。

三、充分发挥人民代表大会制度优势

习近平总书记指出："人民代表大会制度是符合中国国情和实际、体现社会主义国家性质、保证人民当家作主、保障实现中华民族伟大复兴的好制度。"[1] 我们要深入学习贯彻习近平新时代中国特色社会主义思想，深入学习贯彻习近平总书记关于坚持和完善人民代表大会制度的重要思想，推动人民代表大会制度不断完善发展，使社会主义民主政治展现出更加蓬勃的生机活力。新形势下坚持和完善人民代表大会制度，必须坚持党的领导、人民当家作主、依法治国有机统一，在推进国家治理体系和治理能力现代化中，充分发挥人民代表大会制度的根本政治制度优势。

坚持国家的一切权力属于人民，支持和保证人民通过人民代表大会行使国家权力。立法权在国家权力体系中处于重要地位，立法的实质是实现对社会资源的制度化分配。我国的立法，在程序上确保人民群众广泛参与，确保每一项立法都体现宪法原则和最广大人民的根本利益。国家行政机关、监察机关、审判机关、检察机关都由人民代表大会产生，对人大负责，受人大监督。在每年召开的全国人民代表大会上，政府工作报告和"两高"工作报告都是国家机关向人大负责、向

---

[1] 习近平：《在庆祝全国人民代表大会成立 60 周年大会上的讲话》，人民出版社 2014 年版，第 5 页。

人民负责的重要方式。各级人大及其常委会以保证和发展人民当家作主为己任，扩大公民有序政治参与，倾听人民意见和建议，畅通社情民意反映和表达渠道，实现好、维护好、发展好最广大人民根本利益。

加强人民代表大会的监督职能，把权力运行置于人民监督之下。习近平总书记强调："人民代表大会制度的重要原则和制度设计的基本要求，就是任何国家机关及其工作人员的权力都要受到制约和监督。"①人民代表大会的监督权是我国宪法制度的重要组成部分，是代表国家和人民执行的具有法律效力的监督权。要健全人大对"一府一委两院"的监督权，确保法律得到正确实施，确保行政权、监察权、审判权、检察权得到正确行使，公民的合法权益得到充分维护。地方各级人大及其常委会要加强依法监督，确保国家法律法规在本行政区域得到遵守和执行。

发挥人民代表作用，解决好人民群众最关心最直接最现实的利益问题。各级人大代表通过法定程序由选举产生，在各级人民代表大会中履职尽责、发挥作用，是人民和国家之间联系的纽带。人大代表来自各地、各民族、各行各业，工作和生活在人民中间，对人民群众的需求有直接感受。他们通过各种制度化渠道反映人民群众的诉求，是"民有所呼，我有所应"的重要途径。多年来，各级人大常委会形成了一整套服务人大代表履职的工作机制。例如，提出议案和建议是人大代表依法履职的重要方式，对国家各方面工作具有重要推动作用。再如，全国人大常委会在一些地方建立基层立法联系点，一些地方人大常委会也建立立法联系点，为国家立法和地方立法直接听取人民群众意见提供便利渠道。各级人大代表通过多种方式了解社情民意、反

---

① 习近平：《在庆祝全国人民代表大会成立 60 周年大会上的讲话》，人民出版社 2014年版，第 11 页。

映群众诉求。各级人大常委会不断完善代表联系制度，健全代表联络机制。人大代表联络机构认真办理代表议案建议的收集、整理、分发，督促有关方面研究回复代表，做到跟踪落实。在新的历史条件下，我们要不断推动人民代表大会制度与时俱进，丰富人民代表大会制度实践，更好将制度优势转化为国家治理效能。

（作者为全国人大常委会副秘书长、机关党组副书记　信春鹰）

把人民政协制度优势转化为社会治理效能

党的十九届四中全会《决定》指出，社会治理是国家治理的重要方面。必须加强和创新社会治理，完善党委领导、政府负责、民主协商、社会协同、公众参与、法治保障、科技支撑的社会治理体系，建设人人有责、人人尽责、人人享有的社会治理共同体。人民政协作为我国社会主义协商民主制度的重要载体，承担着政治协商、民主监督、参政议政职能，在社会治理创新中具有不可替代的作用。充分发挥人民政协制度优势，丰富协商民主制度实践，是坚持和完善中国特色社会主义制度、推进社会治理体系和治理能力现代化的内在要求。

一、推进社会治理现代化需要加强协商民主

改革开放 40 多年来，我们党不断探索和推进社会治理现代化，在理念上经历了从社会管理到社会治理的变革，在制度建设上经历了从推进社会管理体制改革到创新社会治理体制、再到完善社会治理制

度的逐步深化。党的十九大报告提出"现代社会治理格局基本形成，社会充满活力又和谐有序"的目标，明确"共建共治共享"的社会治理创新方向。共建共治共享充分体现了以人民为中心的发展思想，要求社会治理体系更好保障全体人民参与社会建设、社会治理的权利，维护全体人民共享社会治理成果的权益，提升全体人民在社会治理中的获得感、幸福感、安全感，更好满足人民群众对社会保障更加精准、公共服务更加精细、社会自治更加完善、社会环境更加安定有序等的需求。

习近平总书记强调："社会治理是一门科学"[1]。当前，我国工业化、信息化、城镇化、农业现代化迅速发展，社会处于快速变革之中，社会关系多样、社会利益多元，人们的利益表达和权利保障需求日益增长，社会治理的难度不断加大。如何在新的时代条件下平衡好各方权利义务关系，更好发挥各类治理主体作用，丰富社会治理方式，是推进社会治理现代化必须回答好的时代课题。我们要坚持运用马克思主义的立场观点方法，不断深化探索实践，努力形成对社会治理现代化的科学认识。

党的十八大以来，我们大力发展社会主义协商民主，构建制度化的纠纷解决机制，畅通诉求表达渠道、加强各方利益协调、提升权益保障水平，从源头上有效减少社会矛盾。社会主义协商民主将日趋多样的利益诉求有序引入社会治理中，有效推动社会治理主体多方互动，从单纯的政府监管向更加注重社会协同治理转变，既维护社会秩序，又激发社会活力，促进社会公平正义，维护社会公共利益，保障广大人民群众合法权益，有效推进社会治理现代化。

---

[1] 《习近平关于社会主义社会建设论述摘编》，中央文献出版社 2017 年版，第 125 页。

二、人民政协在社会治理创新中具有独特优势

人民政协是中国共产党把马克思列宁主义统一战线理论、政党理论、民主政治理论同中国实际相结合的伟大成果，是中国共产党领导各民主党派、无党派人士、人民团体和各族各界人士在政治制度上进行的伟大创造。人民政协是一致性和多样性的统一体。一致性以多样性为基础，多样性由一致性来统领，关键是坚持求同存异。求同就要守住政治底线，始终坚持中国共产党领导，维护社会主义制度，维护最广大人民的根本利益。人民政协要发挥统一战线组织功能，坚持大团结大联合，坚持一致性和多样性统一，不断巩固共同思想政治基础，加强思想政治引领，广泛凝聚共识，努力寻求最大公约数、画出最大同心圆，汇聚起实现民族复兴的磅礴力量。

70多年来，在中国共产党领导下，人民政协坚持团结和民主两大主题，服务党和国家中心任务，在建立新中国和社会主义革命、建设、改革各个历史时期发挥了十分重要的作用。人民政协的性质和作用被载入宪法，中国共产党领导的多党合作和政治协商制度成为我国的一项基本政治制度，统一战线范围更加广泛。中国特色社会主义进入新时代，党中央对人民政协工作作出一系列重大部署。人民政协认真贯彻习近平新时代中国特色社会主义思想，坚持自身性质定位，紧扣统筹推进"五位一体"总体布局、协调推进"四个全面"战略布局，积极投身实现"两个一百年"奋斗目标、实现中华民族伟大复兴中国梦的伟大实践，为党和国家事业发展凝心聚力，开拓了人民政协工作新局面。

坚持人民当家作主，发展人民民主，密切联系群众，紧紧依靠人民推动国家发展，是我国国家制度和国家治理体系的显著优势之一。

正是依靠这一显著优势，我国各方面制度和国家治理始终体现人民意志、保障人民权益、激发人民创造，确保人民依法通过各种途径和形式管理国家事务，管理经济文化事业，管理社会事务，发展最广泛、最真实、最管用的民主。人民政协成为中国特色社会主义民主政治制度和国家治理体系的重要组成部分。人民政协与我国新型政党制度紧密结合，各政党在共同奋斗目标下团结前进，符合实现人民利益的民主本意。在推进社会治理现代化方面，人民政协具有独特作用。人民政协体系完整、组织健全、覆盖范围全面广泛，通过政治协商、民主监督、参政议政，能够更好凝聚社会治理共识。人民政协多样化、制度化的协商渠道畅通有效，政协委员具有良好专业素质，在本界别中有代表性，有社会影响和参政议政能力，有利于推动解决各种复杂社会治理问题。

三、深化人民政协参与基层社会治理的实践探索

基层是社会治理的基础和重心。习近平总书记指出："社会治理的重心必须落到城乡社区，社区服务和管理能力强了，社会治理的基础就实了。"[1] 社区既是社会的有机组成部分，又是各种社会矛盾和问题的易发地区，属于社会治理的基本单元。推动社会治理重心向基层下沉，可以有效提升社会治理的整体效能。人民政协发挥专门协商机构作用，积极推动自身工作向基层延伸。在城市，助力党委和政府解决好城镇化快速推进中产生的环境污染、交通拥挤、公共服务不足等问题；在农村，助力党委和政府健全自治、法治、德治相结合的乡村治理体系，解决好土地承包流转、宅基地分配使用、基本公共服务均

---

① 《习近平关于社会主义社会建设论述摘编》，中央文献出版社 2017 年版，第 127 页。

等化等涉及群众切身利益的问题。我们要充分发挥好人民政协在基层社会治理中的独特作用，为推进社会治理体系和治理能力现代化提供有力支撑。

习近平总书记强调："人民政协要把不断满足人民对美好生活的需要、促进民生改善作为重要着力点，倾听群众呼声，反映群众愿望，抓住民生领域实际问题做好工作，协助党和政府增进人民福祉。"① 各地人民政协主动适应新时代发展需要，从参与基层社会治理入手，以知民情、解民忧、纾民怨、暖民心为着力点，探索充分发挥专门协商机构作用的新途径，取得积极成效。一是着重加强党对人民政协工作的全面领导，把政协参与基层社会治理纳入全局工作统筹考虑。如浙江省委制定《县（市、区）政协开展"请你来协商"平台建设工作的指导意见》，对平台创建方向、功能定位、工作机制等进行系统设计，拉近了人民政协与基层群众的距离。二是不断拓宽协商渠道、丰富协商载体。一些县级政协结合实际采取民主党派成员"电视议政"等形式，创建"网上议政厅""委员随手拍"等"互联网+"履职新载体，聚焦本地基层治理问题，积极建言献策。三是以加强城乡基层治理为重点，着力推进开门协商，提高群众参与度。一些县级政协设立社情民意联络站，明确政协委员和社情民意信息员负责联络站工作，构建起横向到边、纵向到底、覆盖城乡的社情民意收集网络；举办提前预告、不设门槛、不限人数、自愿参加、平等协商的恳谈协商会，为基层群众搭建表达诉求的平台。四是高度重视人民政协参与基层社会治理的制度机制建设，保障专门协商工作的常态化、有效性。一些地方对县级政协

---

① 习近平：《在中央政协工作会议暨庆祝中国人民政治协商会议成立70周年大会上的讲话》，人民出版社2019年版，第5—6页。

在乡镇、街道和社区建立政协联络组制定规范性文件，对县级政协参与基层协商进行规划布局，推进政协联络组建设制度化、规范化、程序化。

这些探索实践表明，参与基层社会治理既是人民政协履行职能的重要载体和抓手，也是推动社会治理实现共建共治共享、提升社会治理效能的有效方法。我们要更好发挥社会主义协商民主的独特优势，构建程序合理、环节完整的协商民主体系，把扩大公民有序政治参与和推进社会治理现代化有机结合，把人民政协的制度优势转化为社会治理的强大效能。

（作者为全国政协常委、社会和法制委员会驻会副主任　吕忠梅）

基层立法联系点

党的十八届四中全会通过的《中共中央关于全面推进依法治国若干重大问题的决定》要求，建立基层立法联系点制度，推进立法精细化。2015 年，全国人大常委会法工委确定湖北襄阳市、江西景德镇市、甘肃定西临洮县、上海虹桥街道为基层立法联系点。这是全国人大常委会推进科学立法、民主立法、依法立法的举措之一。各联系点已成为基层群众参与国家立法的"直通车"和全国人大常委会实行开门立法的"最前线"。以上海虹桥街道为例，截至 2019 年 12 月，共有 1900 余人次直接参与 30 部法律的意见征集，提出各类意见建议509 条，其中 25 条建议被不同程度采纳。

新型政党制度

中国共产党领导的多党合作和政治协商制度作为我国一项基本政治制度，是中国共产党、中国人民和各民主党派、无党派人士的伟大政治创造，是从中国土壤中生长出来的新型政党制度。我国新型政党制度的运行与我国经济社会快速发展、国家治理现代化水平不断提高的实践相适应。今天中国取得的历史性成就，有新型政党制度的功劳，它向世界展示了一种成功的制度选择，给世界政党政治发展带来一种新范式、一种西方话语无法解释的新模式。我国新型政党制度实现了集中领导和发扬民主、有序参与和充满活力的有机统一，既能实现政治参与、利益表达和民主监督，又具有强大的社会整合能力，体现出集中力量办大事的制度优势。

▌延伸阅读 ▶

习近平：《在庆祝全国人民代表大会成立60周年大会上的讲话》，《人民日报》2014年9月6日。

习近平：《在庆祝中国人民政治协商会议成立65周年大会上的讲话》，《人民日报》2014年9月22日。

习近平：《在中央政协工作会议暨庆祝中国人民政治协商会议成立70周年大会上的讲话》，《人民日报》2019年9月21日。

三、全面依法治国的显著优势

法治兴则国家兴，法治衰则国家乱。什么时候重视
法治、法治昌明，什么时候就国泰民安；什么时候忽视
法治、法治松弛，什么时候就国乱民怨。

——习近平总书记 2014 年 10 月 23 日在中共十八届四中全会
第二次全体会议上的讲话（引自《习近平关于全面依法
治国论述摘编》，中央文献出版社 2015 年版，第 8 页）

政府法律顾问帮助减风险

　　"在出现突发性案件时，网约车平台公司应及时向侦查机关提
供乘车人、驾驶员、车牌号、车辆定位等交易订单明细，积极协
助职权部门预防刑事案件的发生。"看到自己的建议最终出现在了
政府相关文件里，云南省文山壮族苗族自治州政府法律顾问、云
南天信律师事务所主任律师孙建文十分高兴。

　　政府重大决策先做合法性审查，文山州尝到了政府法律顾问
制度的甜头。

　　文山州自 2005 年起开始聘用政府法律顾问，2017 年州、县
（市）人民政府及其工作部门普遍建立起法律顾问制度。十几年

来，从配起来到用起来，再到全起来，文山州政府法律顾问工作越来越实。

目前，文山州政府聘用了两家昆明律师事务所的主任律师、五家文山本地律所的主任律师，以及一位云南大学法学教授作为州政府的法律顾问。文山州司法局副局长张春林说，文山州政府法律顾问面向全省进行选聘。"既考虑理论水平，也考虑实务能力，同时尽可能选聘部分州外顾问，为的就是能减少利益掣肘，独立提出法律意见。"

为帮助法律顾问更好履职，文山州设立了专门的法律顾问联络员，建立提前函询机制。每当涉及比较复杂的事项时，联络员会将法律服务函发送给法律顾问，而法律顾问回复的意见也会由法制办专门研究再做考量。

虽说是顾问，可在文山州，政府法律顾问不仅是问，更在于提前一步的智力支持。"政府重大决策在上常务会前，都会由法律顾问做合法性审查。"文山州政府办公室办文法规科副科长赵仁海告诉记者，咨询法律顾问意见已经成为文山州政府重大决策的必经程序。

"政府法律顾问更多是帮政府识别风险、管理风险，将风险控制在可预测的范围内，因此顾问工作贯穿各个环节，有助于提高政府依法行政的能力和水平。"云南八谦律师事务所律师连高鹏说。

（摘编自《重大决策　顾问参与减风险》，《人民日报》2020 年 7 月 14 日，作者：杨文明、徐前）

　　地方政府设立法律顾问，让法律专业人士对政府权力运行进行合法性审查，提供相关决策咨询意见，有助于政府部门更加审慎地行使权力、提升依法行政水平。今天的中国，法治已经成为治国理政的基本共识，融入社会生活的方方面面。改革发展稳定，离不开法治护航；经济社会发展，有赖于法治赋能；百姓平安福祉，靠的是法治守卫。进入新时代，中国特色社会主义法治体系恢宏图景不断绘就，法治中国建设阔步前行。建设法治中国，需要持续巩固和增强法治优势，不断提升法治建设的科学化规范化制度化水平。

制度优势

不断巩固和增强法治优势

　　法律是治国之重器，法治是国家治理体系和治理能力的重要依托。实行法治，是我们党总结治国理政正反两方面历史经验得出的重要结论。改革开放以来特别是党的十八大以来，社会主义法治建设不断迈上新台阶，为国家富强、民族振兴、人民幸福提供了有力法治保障，展现出巨大优越性。党的十九届四中全会《决定》将"坚持全面依法治国，建设社会主义法治国家，切实保障社会公平正义和人民权利"明确为我国国家制度和国家治理体系的显著优势之一。如何深入理解这一显著优势，不断巩固和增强这一显著优势，更加坚定地走中国特色社会主义法治道路，是我们面临的一项重要课题。

一、有力提升国家治理现代化水平

法者，治之端也。习近平同志指出："治理一个国家、一个社会，关键是要立规矩、讲规矩、守规矩。法律是治国理政最大最重要的规矩。"①作为治国理政的基本方式，法治要求运用既定的法律规则和制度来处理国家和社会各方面事务。小智治事，中智治人，大智治制。我们这样一个幅员辽阔、民族众多、国情复杂的大国，要保证国家统一、法制统一、政令统一、市场统一，必须秉持法律这一准绳，用好法治这个手段。只有法治才能为党和国家事业发展提供根本性、全局性、长期性制度保障。综观世界近现代史，凡是顺利实现现代化的国家，无不依靠法律的保障，建设法治国家是世界历史发展的大趋势。

正是基于这样的思考，我们党以高度的历史使命感和责任感推进全面依法治国，建设社会主义法治国家，并在实践中不断深化对社会主义法治建设规律的认识。党的十八大以来，以习近平同志为核心的党中央协调推进全面建成小康社会、全面深化改革、全面依法治国、全面从严治党，把全面依法治国放到"四个全面"战略布局中来把握，明确全面依法治国是坚持和发展中国特色社会主义的本质要求和重要保障，是国家治理领域一场广泛而深刻的革命，明确全面推进依法治国，总目标是建设中国特色社会主义法治体系，建设社会主义法治国家。要努力实现国家各项工作法治化，实现党、国家、社会各项事务治理制度化、规范化、程序化。

法治是国家治理现代化的重要体现，依法治国涉及国家治理

---

① 《习近平关于全面依法治国论述摘编》，中央文献出版社 2015 年版，第 12 页。

各个方面。我们党提出全面依法治国这一具有标志性、创新性、战略性的重要理论命题和实践命题，突出强调"全面"，并围绕全面依法治国提出一系列新理念新思想新战略，在党和国家事业发展全局中、在更加全面更加广泛的层次上谋划和推进依法治国。我们将全面依法治国作为一项复杂的系统工程来抓，坚持统筹兼顾、把握重点、整体谋划，确定建设中国特色社会主义法治体系的总体思路、重点任务，在"三个共同推进"上着力，在"三个一体建设"上用功，加强全面依法治国的顶层设计和分层对接，更加重视法治建设的全面协调发展，更加重视调动各方面的积极性主动性创造性，做好全面依法治国重大问题的统筹规划、科学决策。做到客观地而不是主观地、发展地而不是静止地、全面地而不是片面地、系统地而不是零散地、联系地而不是孤立地推进全面依法治国，使各项具体工作有机统一、形成合力，深入推进国家治理体系和治理能力现代化。

正是因为我们坚持走中国特色社会主义法治道路，驰而不息地将法治中国建设向纵深推进，为经济社会持续健康发展提供法治保障，我们在推进社会主义现代化建设进程中，成功避开一些发展中国家因法治不彰而落入种种陷阱的困局。我们加强整体设计，努力推动法治在各个领域均衡、全面发展，全面依法治国更加彰显系统性、整体性、协同性。实践证明，中国特色社会主义法治道路凝结着我国法治实践的智慧和经验，符合我国实际，能够有序有效推进法治中国建设，使我国在较短时间内，在原来法治比较薄弱的基础上，迅速提高国家整体法治水平，并为人类法治文明进步贡献中国智慧、提供中国方案。

二、为经济社会发展提供强大法治支撑

法治是人类文明的重要成果，是现代社会治理的智慧结晶。许多国家追求法治、发展法治，但不一定都能将法治建设与自身发展阶段、发展实际、发展需求紧密结合起来，确保法治建设与国家长远发展目标相协调。有的国家甚至简单照抄照搬别国的法治模式，忽视了不同社会历史条件下法律制度的生成和运作也不相同这一道理。我们党坚持将法治建设与我国实际和现实国情紧密结合，强调法治模式不能定于一尊，提出适合自身的法治国家建设宏伟蓝图。建设社会主义法治国家，使法治建设与改革发展相得益彰，适应坚持和发展中国特色社会主义的客观需要，已经并将继续为我国经济社会发展提供有力法治支撑。

建设社会主义法治国家，必须坚持党的领导，发挥党的领导这个最大优势。正是因为我们将党的领导贯彻到建设社会主义法治国家的全过程和各方面，才能不断增强法治领域改革的系统性、整体性、协同性，更加有效地解决全面推进依法治国重大问题，保证在中国这样一个超大规模的发展中国家建设高度的社会主义法治文明，不断满足人民群众在民主、法治、公平、正义、安全、环境等方面日益增长的需要。党的领导是中国特色社会主义法治之魂，是社会主义法治最根本的保证，是我国法治同西方国家法治最大的区别。必须坚持党领导立法、保证执法、支持司法、带头守法，确保法治建设的正确方向。建设社会主义法治国家，必须坚持党的领导、人民当家作主、依法治国有机统一，提高党依法治国、依法执政能力，更好发挥党的领导这一中国特色社会主义制度的最大优势。

在改革开放进程中，我们党坚持从我国国情出发，始终立足改革

开放和社会主义现代化建设实践，将满足经济社会发展实际需要作为法治建设的重要遵循。立法工作既注重及时把改革中取得的成功经验用法律形式确定下来，对现有法律中不适应实践发展的规定进行修改，为改革发展提供坚实法律保障，又注意为继续深化改革留下空间。同时，坚持在宪法和法律框架内进行改革，大胆探索、勇于创新，将改革不断推向前进。面对全面深化改革与全面依法治国的新形势，我们党坚持在法治轨道上推进改革、在改革中完善法治，做到改革与法治同步推进，实现全面深化改革与全面依法治国相辅相成、相互促进，为实现"两个一百年"奋斗目标、实现中华民族伟大复兴的中国梦增添强劲动力。

三、切实保障社会公平正义和人民权利

"理国要道，在于公平正直。"公平正义是人民的期盼，也是我们党长期追求的价值目标。我们党全心全意为人民服务的根本宗旨决定了必须把追求公平正义、保障人民权利放在突出位置。全面依法治国，必须紧紧围绕保障和促进社会公平正义来推进，并把公平正义作为执法司法工作的生命线。法治是规则之治，更是良法之治。只有所制定的规则是反映客观规律、体现人民意志、符合社会公序良俗的良法，才能实现真正意义上的法治。建设社会主义法治国家要求将富强、民主、文明、和谐，自由、平等、公正、法治，爱国、敬业、诚信、友善的社会主义核心价值观融入科学立法、严格执法、公正司法、全民守法等法治运行的各个环节。特别是在促进社会公平正义、保障人民权利方面，我国法治建设表现出显著的实践成效。

从宏观上看，我国已经形成了促进社会公平正义和保护公民个人权利的法律规范体系，并全面推动相关法律规范贯彻落实。宪法对保

护各项公民权利作出一系列规定。比如，除了保护人身权、财产权和基本政治权利，对于生存权和发展权等首要的基本人权，宪法以诸多详细条文规定了教育、医疗卫生、劳动就业与社会保障等方面的公民权利和国家义务，明确"国家建立健全同经济发展水平相适应的社会保障制度"。在此基础上，依据宪法原则和精神，将宪法规定进一步具化为法律制度体系，有效落实公民各方面权利，以法治方式保障改革发展成果更多更公平惠及全体人民。

从微观上看，权力运行更加规范、权利保护更加充分，努力让人民群众在每一个执法决定、每一个司法案件中感受到公平正义。在行政执法体制改革方面，我们抓住关键环节，完善执法权力运行机制和管理监督制约体系，细化明确行政执法程序，规范执法自由裁量权，推动严格规范公正文明执法，执法不公、选择性执法、随意性执法等现象得到有效遏制。随着全面依法治国深入推进，公民权利保护成效将更为突出，人权法治保障水平将持续提高。

（作者为中共中央党校（国家行政学院）政法部主任、教授　周佑勇）

民法典：新中国第一部法典

2020年5月28日，十三届全国人大三次会议以2879票赞成、2票反对、5票弃权，高票表决通过《中华人民共和国民法典》。民法典是新中国成立以来第一部以"法典"命名的法律，是新时代我国社会主义法治建设的重大成果。

民法典作为"社会生活的百科全书"，全面规范民事关系，具有系统性、层次性、科学性的特点，集中体现着民法的价值、理念和原则。我国民法典立足解决新时代我国社会主要矛盾，坚持以人民为中心，充分反映人民的利益诉求，为人民追求美好生活提供重要法治保障。

民法典共七编，分别为总则编、物权编、合同编、人格权编、婚姻家庭编、继承编、侵权责任编，共 1260 个法条。民法典凝聚亿万人民的共同意志，彰显中华文明深厚底蕴，以法典化方式巩固、确认和发展民事法治建设成果，有效回应我国现实问题，构建起全方位的民事权利保护体系。比如，单独设立人格权篇，明确"隐私"的定义，完善对肖像权的保护，确立器官捐献基本规则，加强个人信息保护，将我国法律对人身自由、人格尊严的保护提升到了新高度；物权编体现物权平等原则，明确无论国家、集体还是个人的财产，都能享受法律平等的保护；等等。民法典的制定和实施，是我国社会主义法治进步和法治优势的生动例证。

延伸阅读▶

习近平：《加快建设社会主义法治国家》，《求是》2015 年第 1 期。

习近平：《加强党对全面依法治国的领导》，《求是》2019 年第 4 期。

习近平：《坚持、完善和发展中国特色社会主义国家制度与法律制度》，《求是》2019 年第 23 期。

习近平：《充分认识颁布实施民法典重大意义　依法更好保障人民合法权益》，《求是》2020 年第 12 期。

四、集中力量办大事的显著优势

发展环境越是严峻复杂，越要坚定不移深化改革，健全各方面制度，完善治理体系，促进制度建设和治理效能更好转化融合，善于运用制度优势应对风险挑战冲击。

> ——习近平总书记 2020 年 4 月 27 日在中央全面深化改革委员会第十三次会议上的讲话（引自《人民日报》2020 年 4 月 28 日第一版）

我们最大的优势是我国社会主义制度能够集中力量办大事。这是我们成就事业的重要法宝。过去我们取得重大科技突破依靠这一法宝，今天我们推进科技创新跨越也要依靠这一法宝，形成社会主义市场经济条件下集中力量办大事的新机制。

> ——习近平总书记 2016 年 5 月 30 日在全国科技创新大会、两院院士大会、中国科协第九次全国代表大会上的讲话（引自习近平：《为建设世界科技强国而奋斗——在全国科技创新大会、两院院士大会、中国科协第九次全国代表大会上的讲话》，人民出版社 2016 年版，第 14 页）

中国故事

看到党旗心里就有了底

　　Ⅳ级响应、Ⅰ级响应，全区进入战时状态……短短几天，江西九江濂溪区防汛应急响应接连升级。雨情急、汛情猛，如何有效应对？区委组织部下发通知，充分调动党组织和党员的力量，全区 327 个基层党组织和 3600 多名党员第一时间响应号召，投身防汛工作。

　　汛情就是命令，防汛刻不容缓。洪涝灾情发生后，各地党委紧急部署安排，领导干部靠前指挥，充分发挥各级党组织的战斗堡垒作用，在抗洪救灾主战场，筑起一座座守护人民群众生命安全的坚固堤坝。

　　车辆受阻、人员被困，情况紧急！ 7 月 17 日，持续强降雨导致湖北恩施市城区清江干流水位猛涨，倒灌的河水淹没沿河公路，两岸楼房涌入大量洪水。

　　"请大家迅速到各网格，提醒居民加强防范！"舞阳坝街道桂花园社区微信群里，党委书记邓梅娇指导党员干部做好应急工作。17 日清晨，全市 23 个社区治理专班的 579 名成员迅速集结，分赴 72 个片区开展应急抢险、巡河查堤、设置警示标识，一条条汛情实况视频、安全提醒迅速通过社区微信群、小区业主群、楼栋群广泛扩散，让市民提前做好准备和防范。恩施大峡谷风景区管

委会组织150余名党员干部、村两委成员，在危险路段路口值守、在地质灾害多发点巡视、在河道巡查，确保当地群众人身安全。

哪里有汛情，哪里就有党组织。安徽望江县境内的长江华阳闸水位近日突破历史极值，按照"每公里一个"的标准，望江县在60多公里长的同马大堤上搭建起66个防汛工棚，组建临时党支部、成立党员突击队。同样地，江西鄱阳县鄱阳镇在沿河圩、问桂道圩、昌江圩等5个圩堤上搭起帐篷，组织党员、村（社区）干部等24小时防汛值班值守。"看到党旗，群众心里就有了底！"江家岭村村民江粒发激动地说。

（摘编自《抗洪抢险　冲锋在前》，《人民日报》2020年7月21日，作者：孟祥夫、朱磊、范昊天、游仪）

民兵与卫星的故事

民兵怎么会和卫星有关系？这得从"两弹一星"说起。

众所周知，"两弹一星"是全国大力协同、集中力量办大事的成果，1962 年 11 月，毛主席针对这一工程的复杂性、系统性，高瞻远瞩地指出："要大力协同做好这件工作。"

1969 年底，长征一号火箭第一次发射遭遇了挫折。但很快于 1970 年 1 月 30 日再次发射取得成功。六个地面卫星测控站也建成了，陈芳允等科学家对外国卫星进行跟踪观测，证明中国测控网性能优良。卫星发射时所使用的通信线路全都是靠电线杆架起来的明线。为防止有人破坏，各地动员了数十万民兵，从发射场到各个观测站，在全国数万公里的线路上，保证了每一根电线杆下面，日夜都有人值守。

"东方红一号"卫星发射是 1970 年 4 月 24 日，中央专委责成总参布置有关军区，组织民兵昼夜守护通信线路。中国第一次卫星发射的轨道数据计算就这样开始了，十几个观测站的数据经过上千公里的电路传送、汇集，为精确计算打下了坚实基础。这是中国第一次大范围数据传输和处理，从南到北，全程动用护线民兵 60 万人，每根电线杆下都站立了持枪战士和民兵，确保线路万无一失。

以前，护线民兵的镜头多次出现在照片和纪录片中，但是从来没有说明这是数据传输，一般人都认为仅仅是保障卫星发射的通信指挥，却不知道这是保障卫星轨道计算机数据的远程传输。发射期间要实时传输，线路必须保证万无一失，在当时的通信条件下，没有数据存贮的可能，也没有线路的迂回和备用与自动转换，只能使用人工看护，以保障通信畅通不间断。

编辑点评 ▶

　　我国能用几十年时间走过西方国家上百年甚至数百年的发展之路，创造出"当惊世界殊"的发展成就，主要原因之一在于中国制度具有坚持全国一盘棋，调动各方面积极性，集中力量办大事的显著优势，根本原因在于有中国共产党这个坚强领导核心。江西九江抗洪一线高扬的党旗，"东方红一号"卫星数据万里传输线上值守的60万民兵……无数鲜活的事例证明，正是有党总揽全局、协调各方，我国集中力量办大事才有了主心骨、方向感、向心力，才能有效运用制度威力应对风险挑战冲击，办成许多其他国家办不成的大事，在一代接着一代干、一棒接着一棒跑中成就"中国之治"，实现一个又一个伟大飞跃。

制度优势

集中力量办大事的显著优势
成就"中国之治"

　　我国国家制度和国家治理体系具有多方面的显著优势，其中，

"坚持全国一盘棋，调动各方面积极性，集中力量办大事"这一显著优势对于推动党和国家事业发展具有独特作用，是实现"中国之治"的重要原因。面向未来、面对挑战，我们需要进一步发挥好集中力量办大事这一显著优势，努力实现"两个一百年"奋斗目标、实现中华民族伟大复兴的中国梦。

一、集中力量办大事是我国国家制度和国家治理体系的显著优势

习近平总书记指出："我们最大的优势是我国社会主义制度能够集中力量办大事。这是我们成就事业的重要法宝。"[1] 新中国成立 70 多年来，随着我国国家制度和国家治理体系不断完善和发展，集中力量办大事的显著优势日益彰显。

集中力量办大事的显著优势是在实践中形成并不断完善和发展的。在 5000 多年文明发展史中，中国人民团结一心、同舟共济，集中力量办成过许多大事。新中国成立后，随着社会主义基本制度的确立，集中力量办大事在体制机制上有了保障，有力促进了我国社会主义建设。比如，为了尽快增强国防实力、保卫和平，我国作出研制"两弹一星"的重大决策。在党的集中统一领导下，全国一盘棋，26 个部委、20 多个省区市、1000 多家单位的精兵强将和优势力量大力协同、集中攻关，展现了社会主义中国攻克尖端科技难关的伟大创造力量。改革开放以来，集中力量办大事的显著优势得到进一步发挥，推动中国特色社会主义事业不断开创新局面。中国特色社会主义进入新时代，集中力量办大事的体制机制不断完善和发展，推动党和国家

---

[1] 《习近平谈治国理政》第二卷，外文出版社 2017 年版，第 273 页。

事业取得历史性成就、发生历史性变革。

我国国家制度和国家治理体系有利于形成集中力量办大事的显著优势。我国国家制度和国家治理体系有利于坚持全国一盘棋，调动各方面积极性，集中力量办大事。党的领导制度是我国的根本领导制度，确保党始终发挥总揽全局、协调各方的领导核心作用，避免各自为政、各行其是。民主集中制是我们党的根本组织原则和领导制度，强调民主基础上的集中和集中指导下的民主相结合，有利于在充分发扬民主的基础上集中各方面力量，调动各方面积极性。人民代表大会制度、中国共产党领导的多党合作和政治协商制度等，有利于在顺应民心、汲取民智中进行科学民主决策，有利于统筹兼顾不同利益群体的合理诉求，避免党派纷争掣肘，防止特殊利益集团干扰。社会主义基本经济制度有利于调节市场与政府、效率与公平、活力与秩序的关系，从而实现集中力量办大事。

我们党的性质宗旨、初心使命推动形成集中力量办大事的显著优势。我国国家制度和国家治理体系之所以能形成集中力量办大事的显著优势，根本还在于我们党的性质宗旨、初心使命。我们党作为中国工人阶级的先锋队，同时是中国人民和中华民族的先锋队，始终代表中国最广大人民的根本利益，能够在妥善处理人民当前利益与长远利益的关系中制定大政方针，能够在统筹兼顾局部利益与整体利益的关系中作出战略部署，因此能够坚持全国一盘棋、调动各方面积极性。我们党把为中国人民谋幸福、为中华民族谋复兴作为初心和使命，坚持以马克思主义为指导，能够准确把握时代脉搏，正确认识社会发展规律，立足我国国情提出奋斗目标，始终保持战略定力，一张蓝图绘到底。我们党组织严密、纪律严明，具有强大的执行力，能够为自己确立的奋斗目标不懈努力。我们党的一系列特质，决定了在党的领导下能够集中力量办大事。

二、"中国之治"彰显集中力量办大事的显著优势

习近平总书记指出:"正是因为始终在党的领导下,集中力量办大事,国家统一有效组织各项事业、开展各项工作,才能成功应对一系列重大风险挑战、克服无数艰难险阻,始终沿着正确方向稳步前进。"① 新中国成立以来,我国能够创造经济快速发展奇迹和社会长期稳定奇迹,形成举世瞩目的"中国之治",一个重要原因就是充分发挥集中力量办大事的显著优势。

集中力量办大事使我国在落后条件下实现赶超发展。新中国成立后,我们在十分落后的条件下开启现代化进程,只有付出更大努力、实现更快发展,才能体现社会主义优越性。为此,在工业发展方面,我国集中力量发展重工业、国防工业等,在不太长时间里就建立起独立的比较完整的工业体系和国民经济体系,为我国此后成为制造业第一大国打下了坚实基础。在基础设施建设方面,坚持全国动员、全民动手,通过修建水利设施、治理淮河、建设铁路等,改善了社会生产条件和人民群众生活条件。在社会建设方面,集中实施扫盲、义务教育、防治血吸虫病等措施,迅速提高了人民群众的文化水平与健康素质。改革开放以来,我们党领导人民在大踏步赶上时代的历史进程中,既充分发挥市场在资源配置中的决定性作用,又更好发挥政府作用,集中力量建设了一个个重大工程、重点项目,极大提升了我国综合国力与国际地位,也极大提高了人民生活水平。中国特色社会主义进入新时代,我们党进一步发挥集中力量办大事的显著优势,办成了

---

① 习近平:《坚持、完善和发展中国特色社会主义国家制度与法律制度》,《求是》2019年第 23 期。

许多过去想办而没有办成的大事，推动我国实现了从"赶上时代"到"引领时代"的伟大跨越。

集中力量办大事使我们不断战胜前进道路上的各种风险挑战。任何国家的发展都不是一帆风顺的，对于中国这样的大国来说，前进道路上面临的风险挑战更多更复杂。回顾新中国成立 70 多年的历史，我们之所以能够战胜前进道路上的各种风险挑战，与集中力量办大事这一显著优势紧密相关。改革开放以来，我国能够有力应变局、平风波、战洪水、防非典、抗地震、化危机，离不开集中力量办大事这一显著优势。当前，全党全军全国各族人民正在以习近平同志为核心的党中央坚强领导下抗击新冠肺炎疫情。在党中央集中统一领导下，中央应对疫情工作领导小组及时研究部署工作，国务院联防联控机制加大政策协调和物资调配力度，全国各地坚持一方有难、八方支援，各地区和军队的大量医务工作者火速驰援武汉和湖北其他地区……这些都体现了集中力量办大事的显著优势。充分发挥集中力量办大事的显著优势，我们必定能战胜一切风险挑战。

集中力量办大事使我们有效实现好维护好发展好人民群众的根本利益。我国国家制度和国家治理体系始终坚持以人民为中心，深得人民拥护。这决定了集中力量办大事与实现好维护好发展好人民群众根本利益是高度一致的。我们集中力量所要办的大事，是体现人民整体意志、符合人民根本要求、代表人民长远利益的大事，是有利于改善人民群众生产生活条件、保障人民群众权利、让发展成果更多更公平惠及全体人民的大事。比如，打好三大攻坚战是我们集中力量要办的大事，与人民群众的利益息息相关。就脱贫攻坚战而言，从 2012 年年底到 2019 年年底，我国贫困人口累计减少 9348 万人，也就是说在 2012—2019 年间，平均每年脱贫人数都超过 1000 万人。2020 年，脱贫攻坚战将全面收官。这无疑是我们集中力量办成的与人民群众利益息息相关的大事，具有重要历史意义。

三、新时代进一步发挥集中力量办大事的显著优势

坚持和完善中国特色社会主义制度，必须长期保持并不断增强我国国家制度和国家治理体系的显著优势。中国特色社会主义进入新时代，我们要创造新的更大的奇迹，必须进一步发挥集中力量办大事的显著优势。

坚持和加强党的全面领导。我们党能够始终把握时代脉搏，顺应时代潮流，走在时代前列，在历史前进的逻辑中前进，在时代发展的潮流中发展，不断彰显自己的先进性。坚持和加强党的全面领导是中国特色社会主义事业不断开创新局面的根本保证，也是发挥集中力量办大事这一显著优势的根本保证。在前进道路上，我们面临的风险挑战只会越来越复杂，甚至会遇到难以想象的惊涛骇浪。面对这些风险挑战，知难而进、迎难而上并取得胜利，离不开进一步发挥集中力量办大事的显著优势。这就要求我们坚持和加强党的全面领导，全面提高党把方向、谋大局、定政策、促改革的定力和能力，全面增强全党思想上的统一、政治上的团结、行动上的一致，更好保障集中力量办大事。

坚持全国一盘棋，调动各方面积极性。在我国，各地区各部门的工作都是党和国家事业的重要组成部分，人民群众在根本利益上是一致的。这是能够坚持全国一盘棋、调动各方面积极性的原因所在，也是能够集中力量办大事的原因所在。新时代，更好发挥集中力量办大事的显著优势，必须进一步坚持全国一盘棋，强化大局意识，克服地方保护主义和本位主义等错误倾向；有效化解社会矛盾，广泛凝聚社会共识，全力画好同心圆，调动各方面积极性。特别需要指出的是，坚持全国一盘棋，调动各方面积极性，必须增强"四个意识"，坚定

"四个自信"，做到"两个维护"，认真贯彻落实党中央决策部署，切实做到令行禁止。

适应治理现代化要求更好完善体制机制。新时代发挥集中力量办大事的显著优势，应当具有新时代特征、用好新时代条件。要适应推进国家治理体系和治理能力现代化的要求，更加注重制度之间的协同性、耦合性，形成集中力量办大事的最优实现路径。充分发挥中国特色社会主义民主政治优势，坚持和完善民主集中制，在决策、执行、监督等方面完善集中力量办大事的体制机制，提高集中力量办大事的民主化、科学化水平。按照社会主义市场经济要求发挥集中力量办大事的显著优势，既用好政府这只"看得见的手"，也用好市场这只"看不见的手"，让"两只手"有机配合、协同发力。

（作者为中共中央党校（国家行政学院）习近平新时代
中国特色社会主义思想研究中心 郝永平 黄相怀）

运用制度威力应对风险挑战的冲击

防范化解重大风险，是全面建成小康社会决胜期必须打赢的三大攻坚战之一。现在已经进入 2020 年，我们要全面建成小康社会，必须更加清醒地认识和有效防范可能遇到的风险挑战。习近平同志指出："中华民族伟大复兴，绝不是轻轻松松、敲锣打鼓就能实现的，实现伟大梦想必须进行伟大斗争。在前进道路上我们面临的风险考验只会越来越复杂，甚至会遇到难以想象的惊涛骇浪。"[1] 对此，习近平

---

[1] 《习近平谈治国理政》第三卷，外文出版社 2020 年版，第 225—226 页。

同志强调，我们要打赢防范化解重大风险攻坚战，必须坚持和完善中国特色社会主义制度、推进国家治理体系和治理能力现代化，运用制度威力应对风险挑战的冲击。这为我们战胜风险挑战提供了科学指引和根本遵循。

一、完善制度是应对风险挑战的重要保障

面对波谲云诡的国际形势、复杂敏感的周边环境、艰巨繁重的改革发展稳定任务，我们必须始终保持高度警惕，既要高度警惕"黑天鹅"事件，也要防范"灰犀牛"事件；既要有防范风险的先手，也要有应对和化解风险挑战的高招；既要打好防范和抵御风险的有准备之战，也要打好化险为夷、转危为机的战略主动战。总结历史和现实经验，面临风险挑战时要赢得主动，就要有一整套系统严密的战略和举措。在这一过程中，坚持和完善中国特色社会主义制度始终起着基础性、关键性作用。认真研究各种风险挑战发生的特点，掌握其变化演进的基本规律，并以此推动各方面制度更加科学、更加完善，我们的制度应对风险挑战冲击的威力就会越来越强。

完善制度有助于主动和有效预见风险。进行制度设计，需要树立底线思维。制定和执行制度，不能预设最理想的环境，而应尽量预见到可能发生的各种情况、各种困难、各种风险，事先制定好防范化解的措施，堵住存在的风险漏洞。一旦风险发生，就能够及时识别风险类型，及早发出预警，发挥好制度的作用。

完善制度有助于事先形成应对风险的程序。如果相关制度机制成熟，一旦风险发生，应对和化解风险的工作就可以有条不紊地按制度、按程序进行，有关部门、单位和人员都知道应该干什么、怎样干，及时采取行动、各司其职，从而最大限度地提高执行效率、减少

损失。

完善制度有助于及时组织力量投入应对风险的斗争。在统一完善的制度体系中，各地各部门能够服从大局、维护大局，组成应对风险的整体；能够按照自身职责，充分发挥主观能动性。党总揽全局、协调各方的领导核心作用也能更好发挥，从而有效调动各方面的人力、物力，集中力量办大事、解危难，化危为机。

完善制度有助于国家和社会生活有序运行。风险多样是现代社会的一个特征，不同地方、不同时间可能出现各种不同风险。如果从制度上做好常态化防范和应对准备，规定好应该采取的措施和步骤，就能有效控制风险对国家和社会生活的冲击，减少风险对人民群众日常生活的影响，防止风险引发更大动荡和损失。

完善制度有助于保持和增强人民信心。遇到风险，有信心就能临危不乱，没有信心就会惊慌失措。当人民群众知道有完善的应对风险的制度时，就会更加相信党和政府能够化解这些风险，相信社会生活能够继续在正常轨道上运行，从而更加紧密地团结在党的周围，同心协力，进一步增强应对风险的力量。

二、在应对风险挑战中推动制度日益完善

当今世界正经历百年未有之大变局，国际形势复杂多变，国内改革发展稳定、内政外交国防、治党治国治军各方面任务之繁重前所未有，我们面临的风险挑战之严峻前所未有。这些风险挑战，有的来自国内，有的来自国际，有的来自经济社会领域，有的来自自然界。在长期实践中，我们党带领人民成功战胜了各种风险挑战，也积累了制度建设的丰富经验。事实证明，中国特色社会主义制度在经历风雨中不断完善发展，具有强大生命力和巨大优越性。

新中国成立后,我们确立了社会主义基本制度以及与之相适应的各方面体制,探索适合我国国情的社会主义建设道路,为当代中国发展进步奠定了根本政治前提和制度基础。党的十一届三中全会后,我们党进一步深化对制度重要性的认识,积极推进各方面体制改革,在制度建设上取得重大成就。党的十八大以来,以习近平同志为核心的党中央统筹推进"五位一体"总体布局、协调推进"四个全面"战略布局,为党和国家事业取得历史性成就、发生历史性变革提供了有力保障。党的十八届三中全会将全面深化改革的总目标确定为完善和发展中国特色社会主义制度、推进国家治理体系和治理能力现代化。党的十九届四中全会专门研究国家制度和国家治理体系问题并作出重大决定。

新中国成立70多年来,我们党领导人民创造了世所罕见的经济快速发展奇迹和社会长期稳定奇迹,中华民族迎来了从站起来、富起来到强起来的伟大飞跃。我们从不惧怕风险挑战,一直在栉风沐雨中砥砺前行。回想改革开放40多年来,我们走过不平凡的历程。面对种种风险挑战,我们始终坚持党的基本理论、基本路线、基本方略不动摇,以坚定的政治定力、强大的组织力量、科学的应对战略、恰当的方式方法化解了一个个风险,并且不断总结经验,通过深化改革,越过一个个险关,进一步完善和发展了中国特色社会主义制度。

千磨万击还坚劲,任尔东西南北风。进入新时代,党中央提出不忘初心、牢记使命,要求全党同志居安思危、增强忧患意识。我们党清醒地看到日趋激烈的国际竞争带来的挑战更加严峻,清醒地看到前进道路上的困难和风险更加复杂,坚持用习近平新时代中国特色社会主义思想武装头脑,增强"四个意识",坚定"四个自信",做到"两个维护",经受"四大考验",防范"四种危险",不为任何风险所惧,不被任何干扰所惑,使中国特色社会主义道路越走越宽广,中国特色社会主义制度越来越完善。

三、坚持制度建设和提高治理能力一起抓

党的十八大以来，中国特色社会主义制度更加完善，国家治理体系和治理能力现代化水平明显提高。党的十九届四中全会《决定》系统概括了我国国家制度和国家治理体系十三个方面的显著优势。这些显著优势在实践中展现强大制度威力，确保我们能够有效应对各种风险挑战的冲击。只有更加充分地发挥制度优势，把我国制度优势更好转化为国家治理效能，我们才能有效应对各种可以预见和难以预见的风险挑战。为此，必须继续深化各领域各方面体制机制改革，在坚持和完善中国特色社会主义制度、推进国家治理体系和治理能力现代化上下更大功夫。

防范化解重大风险，必须坚持加强制度建设和提高治理能力一起抓。制度是相对固化的，治理则需要更强适应性；制度侧重于规范本身，治理更注重规范的执行。制度优势要转化为治理效能，治理效能要建立在科学的制度基础上。制度是否成熟和优越，能否巩固和完善，归根到底要靠治理成效来说话。能否有效预见和防范风险，是治理成效的重要体现，也是制度是否具有优越性的重要体现。

当前，面对艰巨繁重的改革发展稳定任务，要强化风险意识，常观大势、常思大局，科学预见形势发展走势和隐藏其中的风险挑战，做到未雨绸缪。必须通过全面深化改革，总结实践经验，进一步坚持和完善中国特色社会主义制度，不断增强制度建设的科学性、系统性、整体性、协同性，筑牢防范和应对风险挑战的制度基础，使中国特色社会主义制度的显著优势能够在各个方面都充分发挥出来，确保及时化解各种社会矛盾，激励广大人民群众凝心聚力、同心共筑中国

梦。那些直接维护国家安全、直接防范和化解风险的各项制度，既属于国家治理体系和治理能力现代化急需的制度，也属于满足人民对美好生活新期待必备的制度，尤其需要加快建立或进一步完善起来。

当前，尤其需要在制度建设的基础上强化制度执行，着力提高治理能力。加强党的全面领导，善于把党总揽全局、协调各方的领导核心作用同人大、政府、政协、监察机关、审判机关、检察机关、武装力量、人民团体、企事业单位、基层群众自治组织、社会组织等依法依章程履行职能、开展工作统一起来，充分发挥不同治理主体的作用。各级党委和政府以及各级领导干部要切实强化制度意识，带头维护制度权威，做制度执行的表率，严格按照制度履行职责、行使权力、开展工作，带动全党全社会自觉尊崇制度、严格执行制度、坚决维护制度。不断提高治理能力，不断提高统筹推进"五位一体"总体布局、协调推进"四个全面"战略布局等各项工作的能力和水平，不断提高预见、防范、应对和化解各种风险挑战的能力，努力将矛盾消除于未然，将风险化解于无形，防止各种风险传导、叠加、演变、升级，维护我国政治稳定、经济发展、文化繁荣、民族团结、人民幸福、社会安宁、国家统一的良好局面。

（作者为中央党史研究室原副主任　李忠杰）

"两只手"

"看不见的手"指的是市场机制对经济发展的作用；"看得见的手"指的是国家对经济生活的宏观调控。"看不见的手"出自英国经济学家亚当·斯密的《国富论》这部著作，"看得见的手"出自英国另一位经济学家凯恩斯的《就业、利息和货币通论》一书。在他们之后各国的实践表明，社会经济的发展，光靠其中"一只手"发挥作用或片面强调其中"一只手"的作用，都是不行的，而必须"两手抓"。

习近平总书记指出："使市场在资源配置中起决定性作用和更好发挥政府作用，是推进供给侧结构性改革的重大原则。"我们既要遵循市场规律、善用市场机制解决问题，又要让政府勇担责任、干好自己该干的事。市场作用和政府作用是相辅相成、相互促进、互为补充的。要坚持使市场在资源配置中起决定性作用，完善市场机制，打破行业垄断、进入壁垒、地方保护，增强企业对市场需求变化的反应和调整能力，提高企业资源要素配置效率和竞争力。发挥政府作用，不是简单下达行政命令，要在尊重市场规律的基础上，用改革激发市场活力，用政策引导市场预期，用规划明确投资方向，用法治规范市场行为。

"黑天鹅"与"灰犀牛"

黑天鹅是一种大型水鸟。亚里士多德用白天鹅和黑天鹅举例，以区分现实和不太可能发生的事情。在历史上黑天鹅多被用来比喻一种并不存在的事物。美国金融分析师纳西姆·塔雷伯在 2007 年出版的《黑天鹅》一书中说：人们一直相信所有的天鹅都是白色的，但其实这种想法受限于人们的经历。也就是说，有些事情太超乎人们的预期了，因此变得难以预料。现在，"黑天鹅"事件寓意为不可预测的重大稀有事件，虽然是小概率事件，但其带来的破坏力极为巨大。

灰犀牛生活在非洲大草原上，是一种常见的野生动物。它们身躯庞大，给人一种行动迟缓、安全无害的错觉。但当灰犀牛被激怒，变身为"狂牛"发起攻击时，往往转瞬之间就会表现出惊人的爆发力，阻止它的概率接近于零，造成极大的破坏。2013 年，美国学者米歇尔·渥克首次提出"灰犀牛"风险。它是指大概率且破坏力强的潜在危机，在爆发前已有种种迹象，却被人们屡屡忽视，或者由于体制或认识的局限将其当作一种正常的现象来认可或接受，以致错失最好的控制风险时机，导致极其严重的后果。

社会上的很多危机并非发端于不可预测的小概率事件（"黑天鹅"），而是大概率、高风险事件（"灰犀牛"）不断演化的结果。我们既要防范"黑天鹅"，也要防范"灰犀牛"，提早预防和化解风险。

▎延伸阅读▶

习近平：《为建设世界科技强国而奋斗——在全国科技创新大会、两院院士大会、中国科协第九次全国代表大会上的讲话》，《人民日报》2016 年 6 月 1 日。

习近平：《在党的十八届五中全会第二次全体会议上的讲话（节选)》，《求是》2016 年第 1 期。

《提高防控能力着力防范化解重大风险　保持经济持续健康发展社会大局稳定》，《人民日报》2019 年 1 月 22 日。

秋石：《增强忧患意识、防范风险挑战要一以贯之》，《求是》2018 年第 8 期。

五、各民族共同发展的
显著优势

一部中国史，就是一部各民族交融汇聚成多元一体中华民族的历史，就是各民族共同缔造、发展、巩固统一的伟大祖国的历史。各民族之所以团结融合，多元之所以聚为一体，源自各民族文化上的兼收并蓄、经济上的相互依存、情感上的相互亲近，源自中华民族追求团结统一的内生动力。正因为如此，中华文明才具有无与伦比的包容性和吸纳力，才可久可大、根深叶茂。

　　——习近平总书记 2019 年 9 月 27 日在全国民族团结进步表彰大会上的讲话（引自习近平：《在全国民族团结进步表彰大会上的讲话》，人民出版社 2019 年版，第 7 页）

中国故事

闽宁模式彰显制度优势

　　在宁夏南部山区，农民兄弟忘不了一位林教授。1997 年，被称为"菌草之父"的福建农林大学菌草研究所所长林占熺，带着 6 箱草种来到宁夏，与贫困群众同吃同住同劳动，手把手、面对面推广菌草种植技术。如今，富了武夷山农民的菌菇也在六盘山

旺盛生长，被当地农民亲切地称之为"闽宁草""幸福草"。

一个个感人的故事，一滴滴辛劳的汗水，记录着"闽宁对口扶贫协作援宁群体"的无私奉献。

1996年9月召开的中央扶贫开发工作会议，作出推进东西对口协作的战略新部署，确定福建对口帮扶宁夏。自此，远隔千山万水的闽宁两省区结下不解之缘，一批批带着海风和温暖的福建援宁人，从闽江水畔来到六盘山下。

多年来，"闽宁对口扶贫协作援宁群体"遵循优势互补、互惠互利、长期协作、共同发展的方针，主动扛起对口帮扶宁夏脱贫攻坚的历史使命，11批180余名福建挂职干部接力攀登，2000余名支教支医支农工作队员、专家院士、西部计划志愿者敢于牺牲，将单向扶贫拓展到两省（区）经济社会建设全方位多层次、全领域广覆盖的深度协作，与宁夏人民一起用智慧和汗水创造了东西部对口扶贫协作帮扶的"闽宁模式",缚住贫困苍龙。

党的十八大以来,宁夏减少贫困人口93.7万人,贫困发生率从2012年的22.9%下降到2019年的0.47%;贫困地区农民人均可支配收入从2012年的4856元增长到2019年的10415元,宁夏各族人民群众的获得感、幸福感越来越强。

在中国共产党成立99周年之际,决胜全面建成小康社会、决战脱贫攻坚的冲刺阶段,中央宣传部2020年7月3日以云发布的方式,向全社会宣传发布了"闽宁对口扶贫协作援宁群体"的先进事迹,授予他们"时代楷模"称号。

东西部扶贫协作和对口支援模式,为全球减贫事业贡献中国智慧和提供中国方案。正如习近平总书记所指出,"这在世界上只有我们党和国家能够做到,充分彰显了我们的政治优势和制度优势"。坚定制度自信,激发制度优势,汇聚奋进力量,我们就一定能攻坚克难、勇毅前行,不断开辟"中国之治"新境界,书写改革发展新篇章。

(摘编自《山海携手·圆梦小康》,《人民日报》2020年7月1日,作者:何晨阳、许雪毅、王鹏)

各族人民日子越来越好

广西环江县是全国唯一的毛南族自治县,全国约70%的毛南族群众集中居住在这里。"出行爬坡上坎,一里挂九梯""石头缝里种粮食,七分种三分收"……这些曾是广西环江毛南族自治县群众生活的真实写照。今年 5 月，广西环江毛南族自治县退出贫困县序列，毛南族已实现整族脱贫。

下南乡波川村新村屯，村民谭美春正在村屯广场大树下乘凉，手里握着一大串钥匙，其中有一把就是轿车钥匙。

2015 年，因为大儿子上大学、小儿子上幼儿园、60 多岁的公公患病不能自理，家庭开支大，生活困难，她家被识别为建档立卡贫困户。但是生活的艰辛没有压垮她，她和丈夫利用政府免费提供的柑橘苗木，租用生产队的荒坡种植柑橘特色水果。同时，还贷款买了运输车，为村民运建材、运砂石。

天道酬勤。过了一年，谭美春家就脱贫了，她还成了村里脱贫致富带头人。如今，她家的柑橘种植面积已扩大到 121 亩，还养了 6 头牛。"这几年，我们家年收入有二三十万元，脱了贫，日子越来越好了。"谭美春说。

富起来的谭美春，还牵头成立了水果种植专业合作社，带动村里的毛南族老乡一起脱贫。如今，波川村新村屯 14 户毛南族贫困户 56 人已全部脱贫。

习近平总书记对毛南族实现整族脱贫作出重要指示强调，全面建成小康社会，一个民族都不能少。从曾经的广西最为贫困的地区之一，到如今实现整个县脱贫摘帽，毛南族整族脱贫的事实彰显了我国国家制度和国家治理体系坚持各民族一律平等，铸牢中华民族共同体意识，实现共同团结奋斗、共同繁荣发展的显著优势。

（摘编自《毛南族整族脱贫记》，《人民日报》
2020 年 6 月 12 日，作者：庞革平、李纵）

新中国成立后，我们创造性地确立并不断完善民族区域自治制度。今天，无论在雪域高原、天山南北，还是在祖国北疆、西南边陲，民族地区的面貌日新月异，少数民族群众的生活蒸蒸日上。跨越千山万水支援宁夏的林教授，摆脱贫困的毛南族村民谭美春……各民族共同团结奋斗、共同繁荣发展的故事令人欣喜、让人感动。实践是最有力的证明。我们的制度在加强民族平等团结、促进民族地区发展、凝聚各民族力量等方面发挥了重要作用。中华民族伟大复兴的中国梦是 56 个民族共有的梦想。在圆梦路上，各民族肩并肩、手挽手，共同挥洒汗水和智慧，共享幸福和荣光。

制度优势

凝心聚力共同为实现中国梦而奋斗

党的十九届四中全会《决定》系统总结了我国国家制度和国家治理体系多方面的显著优势，其中一个重要方面是"坚持各民族一律平等，铸牢中华民族共同体意识，实现共同团结奋斗、共同繁荣发展的显著优势"。我们党创造性地将马克思主义民族理论同中国民族问题具体实际相结合，走出一条中国特色解决民族问题的正确道路，确立了党的民族理论和民族政策，把各民族一律平等写入宪法，确立了民族区域自治制度，建立、巩固、发展平等团结互助和谐的社会主义民族关系。70 多年来，我国民族团结进步事业取得辉煌成就，充分彰显了这一显著优势。我们要不断巩固和发展这一显著优势，不断增强民族团结进步的力量，让各民族在党的领导下共同为实现中华民族伟大复兴的中国梦而奋斗。

一、推动各民族团结和共同发展

民族平等是马克思主义处理民族问题的根本原则，是马克思主义民族理论的基石。我国《宪法》第四条明确规定，"中华人民共和国各民族一律平等"。

民族平等原则主张民族不分大小一律平等。无论经济社会发展程度如何，无论风俗习惯和宗教信仰差异多大，各民族都是中华民族大家庭的平等一员。各民族人民共同当家作主，全国人大代表包含各民族代表，全国政协设立少数民族界别，各民族平等参与国家事务。坚持各民族一律平等，在中华民族发展史上具有重大意义。习近平同志指出："各族人民在历史上第一次真正获得了平等的政治权利、共同当家做了主人，终结了旧中国民族压迫、纷争的痛苦历史，开辟了发展各民族平等团结互助和谐关系的新纪元。"[①]

民族平等是民族团结的前提和基础，没有民族平等，就不会实现民族团结，而民族团结又会促进民族平等。习近平同志强调："像爱护自己的眼睛一样爱护民族团结，像珍视自己的生命一样珍视民族团结，像石榴籽那样紧紧抱在一起。"[②] 民族团结是我国各族人民的生命线，是社会稳定、国家统一的前提，也是民族地区长治久安的基础。在革命、建设、改革各个历史时期，我们党都把民族团结作为民族政

---

① 习近平：《在全国民族团结进步表彰大会上的讲话》，人民出版社 2019 年版，第 2 页。
② 《习近平关于社会主义政治建设论述摘编》，中央文献出版社 2017 年版，第 173 页。

策的重要目标。在中国共产党的领导下，我国各族人民团结一致、凝心聚力，共同致力于建设中国特色社会主义事业。

民族团结与各民族共同繁荣发展相辅相成。各民族越团结，相互支持、相互帮助的力量就越大，共同发展和共同繁荣的水平就越高。坚持共同繁荣发展的价值取向，是中国特色社会主义的本质要求。长期以来，我们通过制定政策、采取措施、构建机制，加快促进民族地区和人口较少民族发展。比如，实施西部大开发战略、开展兴边富民行动，通过转移支付和对口支援等，帮助少数民族地区加快发展步伐，不断缩小民族地区与发达地区发展差距，逐步消除因历史和环境等原因造成的民族之间发展差距，实现各民族共同繁荣进步。70多年来，民族地区经济社会发展水平不断提升，各族人民生活水平和质量不断提高，少数民族的面貌、民族地区的面貌、民族关系的面貌、中华民族的面貌都发生了翻天覆地的历史性巨变。

二、铸牢中华民族共同体意识

我国是统一的多民族国家，各民族团结奋斗，共同开发了祖国的辽阔疆域和锦绣河山，共同书写了源远流长、举世瞩目的中华民族历史，共同创造了博大精深、灿烂辉煌的中华文化，共同培育了自强不息、历久弥新的中华民族精神。近代以来，面对亡国灭种的空前危机，中华民族共同体意识空前增强，各族人民同舟共济、共御外侮，谱写了艰苦卓绝、气壮山河的伟大史诗，共同缔造、巩固、发展了社会主义新中国。

建设社会主义现代化强国、实现中华民族伟大复兴的中国梦，离不开强大思想保证和精神动力。新中国成立70多年来，我们党不断夯实各民族团结奋进的思想基础，增进各族人民加强民族团结、反对民族分裂的思想自觉。党的十八大以来，以习近平同志为核心的党中央高度重视民族工作，着眼于铸牢中华民族共同体意识做好各项工作。中华民族共同体意识包括共同的理想信念、奋斗目标和价值追求等。中华民族共同体意识越强，各民族共同团结奋斗、共同繁荣发展的意识就越强，社会就越和谐稳定，保障国家统一和领土完整的基础就越牢靠，建设社会主义现代化强国、实现中华民族伟大复兴的中国梦的基础就越稳固。习近平同志指出："实现中华民族伟大复兴的中国梦，就要以铸牢中华民族共同体意识为主线，把民族团结进步事业作为基础性事业抓紧抓好。"① 党的十九大对党章作出部分修改，其中就包括增写"铸牢中华民族共同体意识"。

党的十九届四中全会强调，"铸牢中华民族共同体意识""打牢中华民族共同体思想基础"。2019 年 10 月，中办、国办印发的《关于全面深入持久开展民族团结进步创建工作铸牢中华民族共同体意识的意见》指出，"中华民族共同体意识是国家统一之基、民族团结之本、精神力量之魂"。通过坚持不懈开展马克思主义祖国观、民族观、文化观、历史观宣传教育，不断增强各族群众对伟大祖国、中华民族、中华文化、中国共产党、中国特色社会主义的认同，促使各民族像石榴籽一样紧紧抱在一起。习近平同志指出，"中华民族和各民族的关系，形象地说，是一个大家庭和家庭成员的关系，各民族的关系是一个大家庭里不同成员的关系。"② 中华民族走向包容性更强、凝聚力更大的命运共同体，我们就能共建美好家园、共创美好未来。

---

① 习近平：《在全国民族团结进步表彰大会上的讲话》，人民出版社 2019 年版，第 7 页。
② 《习近平关于社会主义政治建设论述摘编》，中央文献出版社 2017 年版，第 150 页。

三、把民族区域自治制度优势转化为强大治理效能

充分发挥我国国家制度和国家治理体系的显著优势，要求我们在把握优势的基础上更好固根基、扬优势、补短板、强弱项，通过与时俱进创新完善制度来巩固和发展显著优势。民族区域自治制度是我国的一项基本政治制度，是中国特色解决民族问题的正确道路的重要内容和制度保障。民族区域自治制度体现了"坚持各民族一律平等，铸牢中华民族共同体意识，实现共同团结奋斗、共同繁荣发展的显著优势"。

2020年是全面建成小康社会和"十三五"规划圆满收官之年，也是脱贫攻坚决胜之年。党的十八大以来，民族地区的脱贫工作取得显著成效。2012年至2019年，民族地区累计减贫2500多万人，贫困发生率从21%下降到4%。同时也应看到，一些民族地区困难群众较多，要确保同全国一道实现全面小康，仍面临艰巨任务和严峻挑战。这就要求我们不断完善和发展民族区域自治制度，为民族地区经济社会发展提供有力制度支撑。党的十九届四中全会对坚持和完善民族区域自治制度作出了重要部署，我们要贯彻落实好这些主要部署，使之在实践中落地生根、发挥效力，提升党员、干部治理民族事务的能力，把民族区域自治制度优势转化为强大治理效能。

坚定不移走中国特色解决民族问题的正确道路。道路关乎方向，决定前途命运。中国特色解决民族问题的正确道路，是我们党在长期实践探索中形成的，是保障各民族团结进步的正确道路。坚持和完善民族区域自治制度，要坚持各民族一律平等，坚持各民族共同团结奋斗、共同繁荣发展。全面贯彻落实民族区域自治法，保障民族自治地方依法行使自治权，健全民族工作法律法规体系，依法保障各民族合

法权益，确保民族事务治理在法治轨道上运行，巩固和发展平等团结互助和谐的社会主义民族关系。

构建中华民族共有精神家园。中华民族是一个大家庭，各民族休戚相关、命运与共、谁也离不开谁，要让中华民族共同体意识在各民族人民心中深深扎根，构建中华民族共有精神家园。在各族群众中加强社会主义核心价值观教育，牢固树立正确的祖国观、民族观、文化观、历史观。挖掘创新各民族共享的中华文化符号和文化形象，增进各族群众对中华文化的认同。

加强各民族交往交流交融。历史上，我国各民族交往交流交融，铸就了源远流长的中华文明。今天，各民族在社会生活中紧密联系的广度和深度前所未有。要调动全社会的力量一起做增进和培养民族感情的工作，全面深入持久开展民族团结进步创建。同时，也要研究各民族交往交流交融的新趋势、新特点，推动各项体制机制和政策举措与时俱进，促进各民族共建美好家园、共创美好未来。

支持和帮助民族地区加快发展。应当看到，一些少数民族地区在经济社会发展上仍然落后于全国平均水平，一些特困地区、深度贫困群众分布在少数民族地区。要顺利实现全面建成小康社会目标，必须加快民族地区改革发展步伐，推进基本公共服务均等化，使改革发展成果更多更公平惠及各族人民。完善针对边疆地区、贫困地区、生态保护区的差别化区域政策，优化转移支付和对口支援机制，实施好促进民族地区和人口较少民族发展、兴边富民行动等规划，推动新时代少数民族和民族地区发展，不断增强各族群众获得感幸福感安全感。

（作者为中国社会科学院学部委员、中国社会科学院习近平新时代中国特色社会主义思想研究中心研究员　何星亮）

每个民族都有自己的代表

十三届全国人大代表中，有少数民族代表 438 名，占 14.7%。55 个少数民族均有本民族的全国人大代表。人口较少的少数民族也至少有一名全国人大代表。155 个民族自治地方的人民代表大会常务委员会中，均有实行区域自治民族的公民担任主任或者副主任。这表明，我国各民族一律平等，共同享有管理国家事务、管理经济文化事业、管理社会事务的权利。

▌ 延伸阅读 ▶

习近平：《在全国民族团结进步表彰大会上的讲话》，《人民日报》 2019 年 9 月 28 日。

《"一个少数民族也不能少"——记习近平总书记在宁夏考察脱贫攻坚奔小康》，《人民日报》2020 年 6 月 12 日。

六、不断解放和发展社会生产力的显著优势

要坚持和完善社会主义基本经济制度，使市场在资源配置中起决定性作用，更好发挥政府作用，营造长期稳定可预期的制度环境。要加强产权和知识产权保护，建设高标准市场体系，完善公平竞争制度，激发市场主体发展活力，使一切有利于社会生产力发展的力量源泉充分涌流。

——习近平总书记 2020 年 8 月 24 日在经济社会领域专家座谈会上的讲话（引自《人民日报》2020 年 8 月 25 日第一版）

要有坚如磐石的精神和信仰力量，也要有支撑这种精神和信仰的强大物质力量。这就要靠通过不断改革创新，使中国特色社会主义在解放和发展社会生产力、解放和增强社会活力、促进人的全面发展上比资本主义制度更有效率，更能激发全体人民的积极性、主动性、创造性，更能为社会发展提供有利条件，更能在竞争中赢得比较优势，把中国特色社会主义制度的优越性充分体现出来。

——习近平总书记 2013 年 11 月 12 日在中共十八届三中全会第二次全体会议上讲话（引自《习近平谈治国理政》第一卷，外文出版社 2018 年版，第 93 页）

中国经济再上新台阶

2020 年 1 月 17 日，2019 年中国经济数据火热出炉。初步核算，2019 年我国国内生产总值为 99.0865 万亿元，比上年增长 6.1%，按照年平均汇率折算达到 14.4 万亿美元，稳居世界第二；按年平均汇率折算，人均 GDP 突破 1 万美元大关，达到 10276 美元。

历经 70 年，我国从一穷二白成长为一个体量近百万亿元的经济体。1952 年，中国 GDP 仅为 679 亿元。1986 年，中国经济总量突破 1 万亿元，从新中国成立时的百废待兴到迈上 1 万亿元台阶，我们花了 37 年；从 1 万亿元到 2000 年突破 10 万亿元大关，我们花了 14 年；从 10 万亿元到 2019 年近百万亿元，我们只用了 19 年。

成长为近百万亿元的经济体，意味着我国的经济规模更大，中国作为世界第二大经济体的地位更加巩固，为开启全面建设社会主义现代化国家新征程奠定坚实基础。人均 GDP 突破 1 万美元，不仅意味着我国经济总量不断扩大，而且表明我国经济发展的质量在稳步提升，人民生活在持续改善。14 亿人口的巨大国内市场，将有助于增强我国应对各种风险挑战的能力和经济发展的内生动力，逐步形成以国内大循环为主体、国内国际双循环相

互促进的新发展格局，培育新形势下我国参与国际合作和竞争新优势。

我国经济快速发展的奇迹，是在我国社会主义基本经济制度的伟大创造中书写的。公有制为主体、多种所有制经济共同发展，按劳分配为主体、多种分配方式并存，社会主义市场经济体制等社会主义基本经济制度，既体现了社会主义制度优越性，又同我国社会主义初级阶段社会生产力发展水平相适应，是党和人民的伟大创造。

（摘编自《"人均1万美元，了不起"》，《人民日报》2020年1月18日，作者：陆娅楠）

构筑高质量发展"品牌矩阵"

品牌是助力企业扬帆出海的名片。进入新时代，中国本土品牌正加速崛起。在2019年"全球最具价值品牌500强榜单"上，中国上榜品牌总价值首次突破1万亿美元大关，一大批企业品牌脱颖而出，构筑起迈向高质量发展的一道亮丽风景线。

中国品牌正在闪耀世界舞台。打开2019年中国品牌"走出去"成绩单，我们会惊喜地发现，越来越多的中国产品在海外成功圈粉。在欧洲，华为手机登顶法国2019年最佳手机排行榜；在印尼，京东克服运输难关，创造物流配送的"中国速度"……与此同时，也有越来越多的中国标准在国际舞台上崭露头角。作为全球最大的铝车轮供应商，中信戴卡已经开始参与修订国际车轮技术标准，让中国汽车零部件企业走向价值链高端。

中国品牌足迹更远、影响力更大的背后，凝结着持续经营品牌的努力。2019年5月10日是第三个"中国品牌日"。当天，多家电商平台通过特别设置的"双品网购节日"在线上向消费者推荐更多高品质国货品牌；而在自主品牌消费品体验区内，消费者也在琳琅满目的国货展台前排起了长队。

努力的背后蕴藏的是实力，持续经营中国品牌的努力彰显的是中国创新的实力。2019年"双11"，科大讯飞翻译机凭借可翻译语言覆盖全球近200个国家和地区、0.5秒就能完成一次翻译任务的技术优势，一举成为"爆款"，成交额同比翻一番。火爆的背后是企业数年如一日不间断的创新。目前科大讯飞已在智能语音及人工智能领域获得 20 项世界冠军，正是这些冠军技术奠定了企业产品的领先地位，撑起了翻译机的中国品牌。

当前，我国经济已由高速增长阶段转向高质量发展阶段。在这一大背景下，将品牌建设作为改善供给结构的重要抓手，不断提高供给质量和档次，打造更多精品和一流品牌，对于更好满足国内外市场需求，推动我国经济高质量发展意义重大。我们坚信，只要中国品牌坚持质量为本、创新为先、开放为要，就一定能在世界舞台绽放出更加绚丽的光彩！

（摘编自《构筑高质量发展"品牌矩阵"》，《人民日报》2019 年 12 月 18 日，作者：韩鑫）

▌编辑点评▶

2019 年，我国国内生产总值接近 100 万亿元，人均 GDP 突破 1 万美元……经济快速发展的巨大成就，是在我国社会主义基本经济制度这一伟大创造中书写的。社会主义基本经济制度，既体现社会主义制度优越性，又同我国社会主义初级阶段社会生产力水平相适应，是党和人民的伟大创造。当前，我国经济已由高速增长阶段转向高质量发展阶段。不断提高供给质量和档次，加强品牌建设、打造更多精品和一流品牌，更好满足人民日益增长的美好生活需要，是高质量发展的重要内容。坚持和完善社会主义基本经济制度，可以为高质量发展提供更为坚实的制度基础，保障中国经济行稳致远，继续创造新的发展奇迹。

社会主义基本经济制度是
党和人民的伟大创造

党的十九届四中全会审议通过的《决定》指出："公有制为主体、多种所有制经济共同发展，按劳分配为主体、多种分配方式并存，社会主义市场经济体制等社会主义基本经济制度，既体现了社会主义制度优越性，又同我国社会主义初级阶段社会生产力发展水平相适应，是党和人民的伟大创造。"这一重要论断，是对社会主义基本经济制度作出的新概括，是对社会主义基本经济制度内涵作出的重要发展和深化，具有重大理论和实践意义。

一、社会主义基本经济制度的发展

科学社会主义创始人根据人类社会发展规律，科学揭示了社会主义代替资本主义的历史趋势，阐明了未来社会经济制度的基本特征，包括：生产资料社会占有、有计划调节社会生产、按劳分配和按需分配、个人自由而全面发展等。同时，他们强调："所谓'社会主义社会'不是一种一成不变的东西，而应当和任何其他社会制度一样，把它看成是经常变化和改革的社会。"[1] 新中国成立后，我们党将马克思

---

[1] 《马克思恩格斯选集》第 4 卷，人民出版社 2012 年版，第 601 页。

主义基本原理同中国具体实际相结合，通过社会主义改造，建立了以公有制和按劳分配为基础的社会主义经济制度，为当代中国经济发展和社会进步奠定了经济制度基础。改革开放以来，我们党总结社会主义建设正反两方面经验，围绕坚持和完善社会主义基本经济制度进行不懈探索，逐步确立了公有制为主体、多种所有制经济共同发展的基本经济制度，按劳分配为主体、多种分配方式并存的基本分配制度，实现了从高度集中的计划经济体制到充满活力的社会主义市场经济体制的历史性转变，推动了生产力大解放、人民生活大改善、综合国力大提高。

基本经济制度是经济制度体系中具有长期性和稳定性的部分，处于基础性、决定性地位。党的十八大以来，以习近平同志为核心的党中央围绕新时代如何坚持和完善我国社会主义基本经济制度、推动经济高质量发展，在理论和实践的结合中深入探索，取得一系列新的重要理论和实践成果，形成了习近平新时代中国特色社会主义经济思想。在此基础上，着眼于新的实践和发展需要，党的十九届四中全会将公有制为主体、多种所有制经济共同发展，按劳分配为主体、多种分配方式并存，社会主义市场经济体制等作为社会主义基本经济制度。这是对社会主义基本经济制度内涵作出的重要发展和深化，是习近平新时代中国特色社会主义经济思想的重要创新和发展。

早在社会主义制度建立之初，我们党就认识到，社会主义社会的基本矛盾仍然是生产力和生产关系、经济基础和上层建筑之间的矛盾。改革开放之初，我们党又提出，在坚持社会主义制度的前提下，改革生产关系和上层建筑中不适应生产力发展的一系列相互联系的环节和方面，促进社会生产力的发展，更好发挥社会主义制度优越性。党和人民在长期革命、建设、改革的伟大实践中，经过不懈探索和反复比较、选择、总结、检验，在新时代历史性成就和历史性变革的基础上，形成和确立了包括三项制度在内的社会主义基本经济制度，标志着我国社会主义基本经济制度更加成熟、更加定型，中国特色社会主义经济发展生机勃勃、前景光明。

二、社会主义基本经济制度的科学内涵

社会主义基本经济制度，包括以下三项制度。

公有制为主体、多种所有制经济共同发展的所有制。生产资料所有制是生产关系的核心，决定着社会的基本性质和发展方向。公有制经济和非公有制经济都是社会主义市场经济的重要组成部分，都是我国经济社会发展的重要基础。要毫不动摇巩固和发展公有制经济，发展混合所有制经济，增强国有经济竞争力、创新力、控制力、影响力、抗风险能力，做强做优做大国有资本；完善中国特色现代企业制度；形成以管资本为主的国有资产监管体制；发展农村集体经济，完善农村基本经营制度。要毫不动摇鼓励、支持、引导非公有制经济发展，促进非公有制经济健康发展和非公有制经济人士健康成长；健全支持民营经济、外商投资企业发展的法治环境，完善构建亲清政商关系的政策体系。

按劳分配为主体、多种分配方式并存的分配制度。分配决定于生产，又反作用于生产。按劳分配是社会主义的基本分配原则，要求以劳动的数量和质量为依据分配个人收入，多劳多得。按生产要素分配是生产要素所有权在经济上的实现，要求劳动、资本、土地、知识、技术、管理、数据等生产要素由市场评价贡献、按贡献决定报酬。完善分配制度，还要健全以税收、社会保障、转移支付等为主要手段的再分配调节机制；重视发挥第三次分配作用，发展慈善等社会公益事

业，促进效率和公平的有机统一。

社会主义市场经济体制。在社会主义条件下发展市场经济，是我们党的一个伟大创举，既体现了市场决定资源配置的一般规律和以等价交换为基础的市场制度的一般规定，又体现了社会主义经济的特殊规律与中国共产党领导和社会主义制度的特殊规定。完善社会主义市场经济体制的核心问题是处理好政府和市场关系，使市场在资源配置中起决定性作用，更好发挥政府作用。为此，要着力构建市场机制有效、微观主体有活力、宏观调控有度的经济体制，实现产权有效激励、要素自由流动、价格反应灵活、竞争公平有序、企业优胜劣汰，努力形成市场作用和政府作用有机统一、相互补充、相互协调、相互促进的格局。

这三项制度相互联系、相互支持、相互促进。马克思主义政治经济学基本原理告诉我们，生产、分配、交换等社会再生产诸环节是有机统一体，生产环节在其中起支配作用，这是人类社会的一般经济规律。在中国特色社会主义经济中，生产、分配、交换之间的辩证统一关系，集中体现为社会主义基本经济制度中所有制、分配制度和社会主义市场经济体制三者的辩证统一关系。它们作为一个有机整体，在中国特色社会主义生产关系中居于基础性地位，对我国经济改革、运行和发展具有决定性影响。

社会主义基本经济制度是中国特色社会主义制度的重要组成部分。中国特色社会主义制度的本质特征和总体要求，是坚持和完善社会主义基本经济制度的根本依据。必须坚持党对经济工作的集中统一领导，把党的领导落实到国家经济治理各领域各方面各环节。坚持人民主体地位，把增进人民福祉、促进人的全面发展、朝着共同富裕方向稳步前进作为经济发展的出发点和落脚点。

三、社会主义基本经济制度的显著优势

我国社会主义基本经济制度具有显著优势，主要是：既有利于发挥公有制经济在保障人民共同利益、增进民生福祉、巩固完善社会主义制度以及在关系国家安全、国民经济命脉和国计民生的重要行业和关键领域的主体作用，又有利于发挥非公有制经济在稳定增长、促进创新、增加就业、改善民生等方面的重要作用，从而推动各种所有制取长补短、相互促进、共同发展，形成推动高质量发展的强大合力；既有利于调动广大劳动者的积极性、主动性、创造性，使全体人民共享改革发展成果，实现共同富裕，又有利于调动各经济主体的积极性，让一切劳动、知识、技术、管理和资本的活力竞相迸发，让一切创造社会财富的源泉充分涌流，实现各尽所能、各得其所，使各种资源都能得到充分有效利用；既有利于发挥市场在资源配置中的决定性作用，发挥市场机制信息灵敏、激励有效、调节灵活、平等开放的优势，增强经济发展的活力和效率，又有利于发挥党总揽全局、协调各方的领导核心作用，发挥政府在健全宏观调控、加强市场监管、优化公共服务、保障公平正义、保护生态环境、维护国家安全、促进共同富裕方面的主导作用。

归结起来，社会主义基本经济制度能够兼顾长远和当前、集体和个人、效率和公平、自由和秩序、自主和开放，使社会主义制度的优越性和市场经济的长处、集中力量办大事的优势和人民群众的首创精神都能得到很好发挥，可以有效避免资本主义市场经济中存在的两极分化、阶级对立、资本垄断、对外掠夺、危机频发等弊端，为生产力持续发展和社会全面进步开辟了前所未有的广阔道路。社会主义基本经济制度的巨大优越性，通过新中国成立 70 多年、改革开放 40 多年

波澜壮阔、气象万千的伟大实践和世所罕见的发展奇迹，得到了充分证明和生动展现，极大增强了中国人民对中国特色社会主义制度的自信。

社会主义基本经济制度的显著优势，根本上来自其深刻的人民性。发展为了人民、发展依靠人民、发展成果由人民共享，这是我国社会主义经济能够永葆生机活力的不竭源泉。在新的历史条件下，我们要坚持和完善社会主义基本经济制度，进一步解放、发展生产力，更好满足人民日益增长的美好生活需要，让社会主义制度的优越性在更高程度和更大范围得以彰显，在新时代新征程上释放更加强健充沛的活力，创造让世人惊叹的新的伟大奇迹。

（作者为求是杂志社副总编辑　张　宇）

为经济高质量发展奠定坚实制度基础

改革开放以来，我国经济以世所罕见的速度发展壮大，人民生活水平快速提升。1979—2018年，我国国内生产总值年均增长9.4%，远高于世界同期年均2.9%左右的增速。我国已经成为世界第二大经济体、制造业第一大国、货物贸易第一大国、商品消费第二大国、外资流入第二大国。经济快速发展奇迹的背后，是不断巩固和完善的社会主义基本经济制度的坚强保障，是社会主义基本经济制度优势的不断彰显。党的十九届四中全会《决定》将公有制为主体、多种所有制经济共同发展，按劳分配为主体、多种分配方式并存，社会主义市场经济体制等作为社会主义基本经济制度，强调坚持和完善社会主义基本经济制度，推动经济高质量发展。这标志着我们党对社会主义经济建设规律和社会主义基本经济制度的认识达到新的历史高度，我国社会主义基本经济制度的显著优势必将在推动经济高质量发展中得到更加充分的发挥。

一、我国社会主义基本经济制度具有显著优势

社会主义基本经济制度包括所有制、分配制度、经济体制等。正是它们所具有的巨大优越性，使我国国家制度和国家治理体系具有坚持公有制为主体、多种所有制经济共同发展和按劳分配为主体、多种分配方式并存，把社会主义制度和市场经济有机结合起来，不断解放和发展社会生产力的显著优势。

社会主义基本经济制度坚持公有制为主体、多种所有制经济共同发展，坚持"两个毫不动摇"，通过不断深化改革开放，营造各种所有制主体依法平等使用资源要素、公开公平公正参与竞争、同等受到法律保护的市场环境，既巩固和发展公有制经济，又激发非公有制经济的活力和创造力。公有制经济、非公有制经济相辅相成、相得益彰，既保证国家战略有效实施，又促进社会生产力快速发展。

社会主义基本经济制度坚持按劳分配为主体、多种分配方式并存，既维护公平，又提升效率，最大限度激发微观主体活力。坚持多劳多得，着重保护劳动所得，增加劳动者特别是一线劳动者劳动报酬，提高劳动报酬在初次分配中的比重，充分体现按劳分配的主体地位，保护劳动者合法权益。通过健全劳动、资本、土地、知识、技术、管理、数据等生产要素由市场评价贡献、按贡献决定报酬的机制，实现各种要素所有者的要素报酬合理化，极大调动各方面积极性。发挥好再分配和第三次分配调节作用，能够合理调节城乡、区域、不同群体间分配关系，有利于缩小收入差距，促进分配公平。

社会主义基本经济制度坚持完善社会主义市场经济体制，为充分发挥市场在资源配置中的决定性作用、更好发挥政府作用提供制度保障。社会主义基本经济制度把社会主义制度和市场经济有机结合起来，既充分发挥市场在资源配置中的决定性作用，又更好发挥政府作用；既有利于解放和发展社会生产力、改善人民生活，又有利于维护社会公平正义、实现共同富裕。

二、显著优势源于社会主义基本经济制度的本质特征

我国社会主义基本经济制度是经济制度体系中具有长期性和稳定性的部分，起着规范方向的作用，对经济制度属性和经济发展方式具有决定性影响，对国家治理体系和治理能力现代化具有系统性重要影响。我国社会主义基本经济制度之所以具有显著优势，能为我国经济持续健康发展提供坚强制度保障，是因为它具有以下本质特征。

坚持党的领导，确保我国经济始终沿着正确方向发展。中国共产党领导是中国特色社会主义最本质的特征，是中国特色社会主义制度的最大优势，党是最高政治领导力量。社会主义基本经济制度之所以具有不断解放和发展社会生产力、促进实现共同富裕的优越性，根本在于坚持党的领导，确保我国经济始终沿着正确方向发展。在党中央集中统一领导下，我们坚持社会主义基本经济制度，充分发挥市场在资源配置中的决定性作用，更好发挥政府作用，全面贯彻新发展理念，坚持以供给侧结构性改革为主线，加快建设现代化经济体系；充分发挥中央和地方两个积极性，充分调动市场主体和广大人民群众的积极性、主动性、创造性，提高各级干部的责任感、使命感和工作能力，形成推动经济高质量发展，为实现"两个一百年"奋斗目标、实

现中华民族伟大复兴的中国梦而奋斗的强大合力。

坚持以人民为中心，汇聚强大发展合力。坚持以人民为中心，是新时代坚持和发展中国特色社会主义的根本立场。让广大人民群众共享改革发展成果，是社会主义的本质要求。社会主义基本经济制度，坚持以人民为中心的发展思想，坚持发展是硬道理、发展应该是科学发展和高质量发展的战略思想，依靠人民推进中国特色社会主义事业，不断把经济"蛋糕"做大；坚持发展成果由人民共享，把不断做大的"蛋糕"分好，让社会主义制度优越性更加充分体现出来，让实现全体人民共同富裕在广大人民现实生活中更加充分展现出来，因而能够增强经济发展活力，汇聚强大发展合力，为实现经济持续健康发展提供不竭动力。

坚持与时俱进，在实践中不断完善和发展。社会主义基本经济制度在实践中不断完善和发展，体现了继承性和发展性的统一。改革开放以来，我们打破"一大二公"的所有制结构，破除社会主义制度和市场经济对立的思想教条，探索形成公有制为主体、多种所有制经济共同发展的所有制结构，形成按劳分配为主体、多种分配方式并存的分配制度，建立并不断完善社会主义市场经济体制。社会主义基本经济制度的完善和发展，坚持基本经济制度的社会主义性质，顺应并支撑坚持和完善中国特色社会主义制度、推进国家治理体系和治理能力现代化的历史进程，在更好发挥社会主义制度优越性、不断解放和发展社会生产力、推动经济高质量发展方面发挥巨大作用。

三、发挥社会主义基本经济制度优势，推动经济高质量发展

今年是全面建成小康社会和"十三五"规划收官之年。新冠肺炎

疫情的冲击没有改变我国经济稳中向好、长期向好的基本面。我们即将全面建成小康社会，并乘势而上开启全面建设社会主义现代化国家新征程。这对推动经济高质量发展提出新的更高要求。党的十九届四中全会《决定》对社会主义基本经济制度作出新概括，部署推动社会主义基本经济制度与时俱进、完善发展，必将为经济高质量发展奠定更为坚实的制度基础。我们要进一步发挥社会主义基本经济制度优势，努力实现经济高质量发展。

坚持党中央集中统一领导。中国经济是一艘巨轮，体量越大，风浪越大，掌舵领航越重要。越是形势复杂、挑战严峻，越要发挥党中央集中统一领导的定海神针作用。当前，国内外形势发生深刻复杂变化，新情况新问题层出不穷。越是形势复杂，越要听从党中央号令，增强"四个意识"、坚定"四个自信"、做到"两个维护"，认真贯彻党中央重大决策部署，做到令行禁止；在推动经济高质量发展中敢作为、善作为，注重激发和保护企业家精神，让更多社会主体投身创新创业，充分调动各方面的积极性。

坚持以人民为中心的发展思想。围绕解决好人民日益增长的美好生活需要和不平衡不充分的发展之间的矛盾这个社会主要矛盾，把推进供给侧结构性改革作为经济工作的主线，使供给体系更好适应需求结构变化，使供给能力更好满足人民日益增长的美好生活需要。坚持以人民为中心的发展思想，坚决贯彻创新、协调、绿色、开放、共享的新发展理念，推动新型工业化、信息化、城镇化、农业现代化同步发展，加快建设现代化经济体系，努力实现更高质量、更有效率、更加公平、更可持续的发展，不断增强人民的获得感、幸福感、安全感。

坚持不断解放和发展社会生产力。在重要领域继续深化改革，在更深层次、更广领域解放和发展社会生产力。探索公有制多种实现形式，鼓励发展混合所有制经济，实现各种所有制资本取长补短、相互促进、共同发展，使我国基本经济制度发挥出更大优越性。完善初次分配制度、健全再分配调节机制、规范收入分配秩序，弘扬勤劳致富精神，激励人们通过劳动创造美好生活。加快完善社会主义市场经济体制，建设高标准市场体系。构建社会主义市场经济条件下关键核心技术攻关新型举国体制，建立以企业为主体、市场为导向、产学研深度融合的技术创新体系，为高质量发展插上科技创新的翅膀。

（作者为中国人民大学校长、中国人民大学习近平新时代
中国特色社会主义思想研究院理事长　刘　伟）

社会主义基本经济制度的形成和发展

我国社会主义基本经济制度是在新中国成立 70 多年特别是改革开放 40 多年来的实践探索和理论创新中确立并逐步完善的。

新中国成立之初，通过"一化三改"，我国确立了社会主义基本制度，开始向"四个现代化"目标迈进。改革开放后，我们党明确提出社会主义的本质是"解放生产力，发展生产力，消灭剥削，消除两极分化，最终达到共同富裕"。从我国社会主义初级阶段的基本国情出发，大力推进经济体制改革，提出"有计划的商品经济"等重要概念，进而在党的十四大上明确提出建立社会主义市场经济体制的改革目标，推动形成了公有制为主体、多种所有制经济共同发展的基本经济制度和按劳分配为主体、多种分配方式并存的分配制度。通过深化经济体制改革调整生产关系，极大地促进了社会生产力的解放和发展。

党的十八大以来，我们党提出"完善和发展中国特色社会主义制度，推进国家治理体系和治理能力现代化"这一全面深化改革的总目标，并突出经济体制改革的牵引作用。通过坚持和完善社会主义市场经济体制，带动和促进政治、文化、社会、生态文明、党的建设等各领域改革，推动中国特色社会主义制度不断发展完善。习近平总书记指出，要使各方面体制改革朝着建立完善的社会主义市场经济体制这一方向协同推进，同时也使各方面自身相关环节更好适应社会主义市场经济发展提出的新要求。多年来，我们把公有制为主体、多种所有制经济共同发展作为基本经济制度。党的十九届四中全会把按劳分配为主体、多种分配方式并存和社会主义市场经济体制上升为基本经济制度，这是对社会主义基本经济制度作出的新概括，是对社会主义基本经济制度内涵作出的重要发展和深化，标志着我国社会主义基本经济制度更加成熟更加定型。

推进供给侧结构性改革的背景

当前和今后一个时期，我国经济发展面临的问题，供给和需求两侧都有，但矛盾的主要方面在供给侧。比如，我国一些行业和产业产能严重过剩，同时大量关键装备、核心技术、高端产品还依赖进口，国内庞大的市场没有掌握在我们自己手中。再如，我国农业发展形势很好，但一些供给没有很好适应需求变化，部分高品质产品供给不足，中低端产品过剩。又如，我国一些有大量购买力支撑的消费需求在国内得不到有效供给，消费者将大把钞票花费在出境购物、"海淘"购物上，购买的商品已从珠宝首饰、名包名表、名牌服饰、化妆品等奢侈品向电饭煲、马桶盖、奶粉、奶瓶等普通日用品延伸。据测算，2014 年我国居民出境旅行支出超过 1 万亿元人民币。事实证明，我国不是需求不足或没有需求，而是需求变了，供给的产品却没有变，质量、服务跟不上。有效供给能力不足带来大量"需求外溢"，消费能力严重外流。解决这些结构性问题，必须推进供给侧结构性改革。

▌延伸阅读 ▶

习近平：《在省部级主要领导干部学习贯彻党的十八届五中全会精神专题研讨班上的讲话》，《人民日报》2016年5月10日。

习近平：《在民营企业座谈会上的讲话》，人民出版社2018年版。

习近平：《在庆祝改革开放40周年大会上的讲话》，人民出版社2018年版。

《中共中央国务院关于构建更加完善的要素市场化配置体制机制的意见》，人民出版社2020年版。

七、繁荣发展社会主义先进文化的显著优势

文化自信是一个国家、一个民族发展中更基本、更深沉、更持久的力量。必须坚持马克思主义，牢固树立共产主义远大理想和中国特色社会主义共同理想，培育和践行社会主义核心价值观，不断增强意识形态领域主导权和话语权，推动中华优秀传统文化创造性转化、创新性发展，继承革命文化，发展社会主义先进文化，不忘本来、吸收外来、面向未来，更好构筑中国精神、中国价值、中国力量，为人民提供精神指引。

　　——习近平总书记 2017 年 10 月 18 日在中国共产党第十九次全国代表大会上的报告（引自习近平：《决胜全面建成小康社会　夺取新时代中国特色社会主义伟大胜利——在中国共产党第十九次全国代表大会上的报告》，人民出版社2017 年版，第 23 页）

　　历史是人民创造的，文明也是人民创造的。对绵延5000 多年的中华文明，我们应该多一份尊重，多一份思考。对古代的成功经验，我们要本着择其善者而从之、其不善者而去之的科学态度，牢记历史经验、牢记历史教训、牢记历史警示，为推进国家治理体系和治理能力现代化提供有益借鉴。

　　——习近平总书记 2014 年 10 月 13 日在十八届中央政治局第十八次集体学习时的讲话（引自《人民日报》2014 年10 月 14 日）

"汉家自有制度"

近代以来，由于中国逐渐陷入落后挨打的悲惨局面，不少中国人往往蔑视自己已往的政治传统，认为中国没有成套的政治理论，没有大的政治思想家。对于这一观点，历史学家钱穆认为大谬不然。

钱穆曾以汉代的兵制为例反驳。他说，在汉代，全国皆兵。一个壮丁，到二十三岁才开始服兵役。为什么是二十三岁呢？因为二十才始成丁，可以独立耕种。当时农业生产力有限，不可能多产，只能节约使用。"三年耕，有一年之蓄"。耕种三年，就有一年的粮食储备。当时生产技术落后，完全看天吃饭，年年丰收是绝对不会的。平均三年中，总会有一个荒年，来一个荒年，储蓄就完了。如果三年不荒的话，六年就该有二年的储蓄，九年就该有三年的储蓄。而农业社会，绝对不会连熟到九年以上，也不会连荒到三年以上。一个壮丁，二十受田，可以独立谋生；但要他为国家服兵役，则应该顾及他的家庭负担。所以当时规定，从二十三岁起开始服兵役，因为他可以有一年储蓄来抽身为公家服役了。钱穆评价说："这一制度，不仅是一种经济的考虑，实在是一种道德的决定。"

钱穆由此感叹："所以我们要研究中国已往的政治思想，便该注意已往的政治制度。中国决不是一个无制度的国家，而每一制度之后面，也必有其所以然的理论和思想，哪可轻轻用'专制黑暗'等字面把来一笔抹杀呢？"

（摘编自《中国历代政治得失》，作者：钱穆）

| 编辑点评 ▶ |

钱穆所提的汉代"全国皆兵"制度，比西方至少要领先 1000 年。西方直到近代普鲁士王国在俾斯麦为相时，才发明这样的制度。这个故事告诉我们：不能妄自菲薄、轻视自己的政治传统和政治制度。

事实上，在绵延 5000 多年的文明史中，中华民族创造了灿烂的古代文明，形成了关于国家制度和国家治理的丰富思想，这些思想中的精华是中华优秀传统文化的重要组成部分，是历朝历代国家治理的重要思想源泉，也是中国特色社会主义制度和国家治理体系的深厚历史底蕴。

新时代坚持和完善中国特色社会主义制度、推进国家治理体系和治理能力现代化，我们要善于从历史中汲取智慧，归纳总结我国源远流长、博大精深的治国理政思想和经验。同时，也要夯实"中国之治"的文化根基，坚持和完善繁荣发展社会主义先进文化的制度，巩固全体人民团结奋斗的共同思想基础。

制度优势

我国国家制度和国家治理体系的
深厚历史底蕴

中国特色社会主义制度和国家治理体系之所以具有强大生命力和巨大优越性，一个重要原因就在于其具有深厚历史底蕴。深入把握中国特色社会主义制度和国家治理体系的深厚历史底蕴，有利于我们坚定制度自信。

一、我国国家制度和国家治理体系具有深厚思想文化底蕴

一个国家选择什么样的国家制度和国家治理体系，是由这个国家的历史文化、社会性质、经济发展水平决定的。在中华民族几千年文明发展史中，既有升平之世社会发展进步的成功经验，也有衰乱之世社会动荡的深刻教训。无论是历史经验还是历史教训，都为坚持和完善中国特色社会主义制度、推进国家治理体系和治理能力现代化提供了滋养。特别是中国历史上关于国家制度和国家治理的丰富思想，为我国国家制度和国家治理体系发展提供了深厚的思想文化底蕴。

习近平同志指出："中国优秀传统文化的丰富哲学思想、人文精神、教化思想、道德理念等，可以为人们认识和改造世界提供有益启

迪，可以为治国理政提供有益启示"。① 早在先秦时期，《尚书》《诗经》《左传》等文献就记载了我国早期国家制度和治理思想。由秦汉而下，中经隋唐，下至明清，我国关于国家制度和国家治理的丰富思想历2000 余年而不衰。大道之行、天下为公的大同理想，六合同风、四海一家的大一统传统，德主刑辅、以德化人的德治主张，民贵君轻、政在养民的民本思想，等贵贱均贫富、损有余补不足的平等观念，法不阿贵、绳不挠曲的正义追求，孝悌忠信、礼义廉耻的道德操守，任人唯贤、选贤与能的用人标准，周虽旧邦、其命维新的改革精神，亲仁善邻、协和万邦的外交之道，以和为贵、好战必亡的和平理念，等等，这些思想中的精华是中华优秀传统文化的重要组成部分，它们作用于国家制度、运用于国家治理，在历朝历代治乱兴衰中不断充实和发展。

比如，德主刑辅、以德化人的德治主张，是中华优秀传统文化的重要内容，对于我国国家制度和国家治理体系发展具有重要意义。"德主刑辅"肇始于先秦"明德慎罚"的观念，中经"为政以德"的阐扬，最终由董仲舒提出，成为此后中国传统社会的基本治国方略。但仅有德治尚不足以达到国家有效治理的目标，我国古人找到了另一把"钥匙"，即法治。"法者，治之端也"，充分表明法制与法治所具有的地位；"徒善不足以为政，徒法不能以自行"，强调了依法而治的重要意义。这些思想对于坚持和完善中国特色社会主义制度、推进国家治理体系和治理能力现代化具有重要借鉴意义。

又如，中华优秀传统文化强调，民惟邦本，本固邦宁；谋度于义者必得，事因于民者必成；得其民，斯得天下矣；为君之道，必先存百姓；等等。这些至理名言至今仍然振聋发聩、发人深省。为了谁、依靠谁，这是一个根本性、原则性问题，决定国家制度和国家治理体

---

① 《习近平关于社会主义文化建设论述摘编》，中央文献出版社 2017 年版，第 143 页。

系的性质、方向、目标。失去民心，国家制度和国家治理体系就是无源之水、无本之木。始终代表中国最广大人民根本利益，保证人民当家作主，体现人民共同意志，维护人民合法权益，是中国特色社会主义制度和国家治理体系的本质属性。

二、我国国家制度和国家治理体系具有深厚实践基础

在人类发展史上，中国之所以能长期处于领先地位，一个重要原因在于中国自古以来就形成了一整套国家制度和国家治理体系。这套国家制度和国家治理体系历经数千年，各项制度既前后相继、互为关联，又不断发展、持续变革，呈现出由不成熟逐步走向成熟乃至体系化的特点，为中国特色社会主义制度和国家治理体系发展提供了历史借鉴和历史智慧。

以夏商周的分封制为开端，古代中国先后建立郡县制、郡国并行制、三公九卿制、刺史制、三省六部制、行省制等一整套政治制度；先后实行井田制、贡赋制、编户制、均田制、租庸调制、两税法、一条鞭法、摊丁入亩法等一整套土地制度和经济制度；先后实施世官制、察举制、九品中正制、科举制等一整套选官用人制度；先后推行府兵制、募兵制、禁军制、猛安谋克制、八旗制等一整套军事制度；等等。这些制度涉及各个领域，因时而异、因地而异，创设了国家政权的体制机制，规范了各级管理行为和社会秩序，确保了国家权力运行，为维护国家统一、促进社会安定、推动经济发展、推进文明教化等发挥了不可或缺的作用。可以说，古代中国取得的辉煌成就，与制度上在当时处于先进地位密不可分。正因如此，中国的国家制度为周边国家和民族所纷纷学习和模仿。

但也要清醒地看到，封建社会的历史局限性必然造成制度上的先

天不足。进入近代以后，中国的封建统治者腐朽无能，帝国主义列强入侵，导致中国逐步沦为半殖民地半封建社会，统治中国几千年的君主专制制度难以为继，中国社会陷入深重灾难。为救亡图存，无数仁人志士前仆后继，在黑暗和屈辱中探索新的国家制度和国家治理体系，君主立宪制、联邦制、内阁制、议会制、共和制、多党制、总统制等各种制度粉墨登场，最终都以失败而告终。

1921年中国共产党成立后，中国人民在中国共产党领导下走上了实现民族独立、人民解放和国家富强、人民幸福的道路。无论在新民主主义革命时期，还是在新中国成立之后，我们党都团结带领人民不断探索建立和完善新型国家制度。社会主义制度的确立，实现了中国历史上最深刻最伟大的社会变革，为当代中国一切发展进步奠定了根本政治前提和制度基础。改革开放以来，我们党团结带领人民开创了中国特色社会主义，不断完善国家制度和国家治理体系，当代中国焕发出前所未有的生机活力。党的十八大以来，我们党领导人民统筹推进"五位一体"总体布局、协调推进"四个全面"战略布局，推动中国特色社会主义制度更加完善、国家治理体系和治理能力现代化水平明显提高，为政治稳定、经济发展、文化繁荣、民族团结、人民幸福、社会安宁、国家统一提供了有力保障。由此可见，中国特色社会主义制度和国家治理体系深深植根中国大地，是在中国共产党领导中国人民进行革命、建设、改革的长期实践中形成的，是马克思主义基本原理同中国具体实践相结合的产物，具有深厚实践基础。

三、在汲取历史智慧中坚持和完善我国国家制度和国家治理体系

新时代坚持和完善中国特色社会主义制度、推进国家治理体系和

治理能力现代化，要善于归纳总结我国源远流长、博大精深的治国理政思想和经验，从历史中汲取智慧，与时俱进坚持和完善我国国家制度和国家治理体系。

　　党的十八大以来，以习近平同志为核心的党中央高度重视从历史中总结治国理政的得与失、成与败，并将其有益成果运用于中国特色社会主义伟大实践，不断完善和发展中国特色社会主义制度和国家治理体系。比如，2013 年 4 月 19 日，中共中央政治局就我国历史上的反腐倡廉进行集体学习，习近平同志在主持学习时强调："研究我国反腐倡廉历史，了解我国古代廉政文化，考察我国历史上反腐倡廉的成败得失，可以给人以深刻启迪，有利于我们运用历史智慧推进反腐倡廉建设。"①2014 年 10 月，中共中央政治局就我国历史上的国家治理进行集体学习，习近平同志在主持学习时强调，对古代的成功经验，我们要本着择其善者而从之、其不善者而去之的科学态度，牢记历史经验、牢记历史教训、牢记历史警示，为推进国家治理体系和治理能力现代化提供有益借鉴。②2018 年 11 月 26 日，中共中央政治局就中国历史上的吏治举行集体学习，习近平同志在主持学习时强调，我国历朝历代都重视官吏选拔和管理，强调"为政之要，惟在得人""育才造士，为国之本"。我国古代吏治思想和做法既积累了丰富的治吏经验，也带有明显的历史局限，其中有不少封建糟粕，这是我们必须注意的。中央政治局集体学习安排中国历史上的吏治这个题目，目的是了解我国历史上吏治的得失，为建设高素质干部队伍提供一些借鉴。③ 我们

---

① 《习近平谈治国理政》第一卷，外文出版社 2018 年版，第 390 页。
② 参见《牢记历史经验教训历史警示　为国家治理能力现代化提供有益借鉴》，《人民日报》2014 年 10 月 14 日。
③ 参见《严把标准公正用人拓宽视野激励干部　造就忠诚干净担当的高素质干部队伍》，《人民日报》2018 年 11 月 27 日。

要切实贯彻习近平同志系列重要讲话精神，科学把握我国历史上治国理政的思想内涵和盛衰兴亡的历史规律，从我国历史上 2000 多年间国家权力机制、人才选拔、社会管理、行政建制、廉政建设等一系列治国理政的制度实践中撷取精华，为坚持和完善中国特色社会主义制度、推进国家治理体系和治理能力现代化提供历史经验和实践智慧。

（作者为中国社会科学院中国历史研究院副院长、中国社会科学院习近平新时代中国特色社会主义思想研究中心特约研究员　李国强）

夯实"中国之治"的文化根基

文运同国运相牵，文脉同国脉相连。党的十九届四中全会《决定》从十三个方面系统概括了我国国家制度和国家治理体系的显著优势，其中一个重要方面是"坚持共同的理想信念、价值理念、道德观念，弘扬中华优秀传统文化、革命文化、社会主义先进文化，促进全体人民在思想上精神上紧紧团结在一起的显著优势"。这体现了坚定的文化自信、深刻的文化自觉、科学的制度设计。我们要准确把握这一显著优势的丰富内涵、实践要求，以制度优势更好构筑中国精神、中国价值、中国力量，促进全体人民在思想上精神上紧紧团结在一起，为实现"两个一百年"奋斗目标、实现中华民族伟大复兴的中国梦筑牢精神文化支撑。

一、为繁荣发展社会主义先进文化提供制度保障

新中国成立后特别是改革开放以来，我们党坚持以马克思主义为

指导，坚持从基本国情出发、从实际出发，持续推进理论创新、实践创新、制度创新、文化创新以及各方面创新，不断发挥文化在中国特色社会主义事业中的强大引领和凝聚作用，形成了繁荣发展社会主义先进文化的制度体系。

坚持马克思主义在意识形态领域指导地位的根本制度。意识形态决定文化前进方向和发展道路。马克思主义揭示了人类社会发展规律，是我们立党立国的根本指导思想。党的十九届四中全会把坚持马克思主义在意识形态领域的指导地位作为一项根本制度提出来，是关系党和国家事业长远发展、关系我国文化前进方向和发展道路的重大制度创新。中国特色社会主义进入新时代，坚持马克思主义在意识形态领域的指导地位，就要深入学习领会习近平新时代中国特色社会主义思想，用以武装头脑、指导实践、推动工作。

坚持以社会主义核心价值观引领文化建设制度。社会主义核心价值观是社会主义先进文化的精髓，是当代中国精神的集中体现，凝结着全体人民共同的价值追求。让社会主义核心价值观成为百姓日用而不觉的行为准则，离不开宣传教育，也离不开制度保障。党的十八大以来，党中央、国务院印发的《新时代公民道德建设实施纲要》《新时代爱国主义教育实施纲要》等，为发挥制度保障作用、提升公民思想道德素质提供了基本遵循。

健全人民文化权益保障制度。社会主义文化本质上是人民大众的文化，是人民共建共享的文化。改革开放以来特别是党的十八大以来，我们坚持以人民为中心的工作导向，不断完善文化产品创作生产传播的引导激励机制，着力推出更多群众喜爱的文化精品。注重完善城乡公共文化服务体系，优化城乡文化资源配置，推动基层文化惠民工程扩大覆盖面、增强实效性，健全支持开展群众性文化活动机制，切实保障人民文化权益。

完善坚持正确导向的舆论引导工作机制。党的新闻舆论工作是党的一项重要工作，舆论引导能力属于国家治理能力的重要内容。党的十八大以来，根据新形势下党的新闻舆论工作新要求，我们坚持党管媒体原则，着力构建全媒体传播体系、完善舆论监督制度、健全重大舆情和突发事件舆论引导机制、建立健全网络综合治理体系，为全面深化改革、推进社会主义现代化建设营造了良好社会舆论氛围。

建立健全把社会效益放在首位、社会效益和经济效益相统一的文化创作生产体制机制。在推进文化体制改革中，我们按照遵循社会主义先进文化发展规律、体现社会主义市场经济要求、有利于激发文化创新创造活力的原则，不断探索和完善文化管理体制和生产经营机制。党的十九届四中全会提出"建立健全把社会效益放在首位、社会效益和经济效益相统一的文化创作生产体制机制"，体现了党对新形势下文化创作生产规律的科学认识和准确把握。

二、为国家治理体系和治理能力现代化提供精神文化支撑

实践表明，坚持和完善繁荣发展社会主义先进文化的制度，充分发挥其广泛凝聚人民精神力量的治理效能，能够进一步增强文化自信，为国家治理体系和治理能力现代化提供精神文化支撑。

巩固全党全国各族人民团结奋斗的共同思想基础。毛泽东同志指出："马克思列宁主义的基本原则，就是要使群众认识自己的利益，并且团结起来，为自己的利益而奋斗。"[1]鸦片战争后特别是中国共产党成立后，中国人民越来越清楚地认识到唯有团结奋斗才能改变受压迫受剥削的命运。坚持以马克思主义为指导，中国人民在中

---

[1] 《毛泽东选集》第四卷，人民出版社 1991 年版，第 1318 页。

国共产党的领导下，彻底改变了一盘散沙的状态。实践证明，马克思主义是指导中华民族实现伟大复兴的科学理论。当代中国正经历着我国历史上最为广泛而深刻的社会变革，正在进行着人类历史上最为宏大而独特的实践创新。面对社会利益关系多样化，我们党用中国梦这个中华民族团结奋斗的最大公约数凝心聚力；面对社会思潮多样化，我们党牢牢掌握意识形态工作领导权，着力建设具有强大凝聚力和引领力的社会主义意识形态；面对网络舆论新形势，我们党着力构建全媒体传播体系、建立健全网络综合治理体系，营造风清气正的网络空间。始终坚持以马克思主义特别是当代中国马克思主义、21 世纪马克思主义武装全党、教育人民，在多元中立主导、在多样中谋共识、在多变中把方向，巩固了全党全国人民团结奋斗的共同思想基础。

提升全体社会成员的思想道德素质。精神文化生活是人类生活的重要组成部分，思想道德水平是人类发展水平的重要表现。我们党历来高度重视社会思想道德建设，倡导"五讲四美三热爱"、做"四有"新人，有序推进各类群众性精神文明创建活动。党的十八大以来，以习近平同志为核心的党中央大力加强社会主义核心价值观建设，坚持德法相济、协同发力，把道德导向贯穿法治建设全过程，取得显著成效。爱国主义、集体主义、社会主义思想广为弘扬，全国文明城市、全国文明单位不断涌现，时代楷模、英雄模范层出不穷，尊老爱幼、见义勇为、救死扶伤蔚然成风，全社会文明程度显著提升，彰显了制度的导向、激励、规范作用。

不断满足人民精神文化生活新期待。我们党高度重视人民精神文化生活质量，坚持用制度保障人民文化权益。随着经济社会发展和物质生活水平提高，人民群众对精神文化产品的结构、质量、品位、风格等方面的要求越来越高。精神文化产品需求的新变化，必然要求不断健全人民文化权益保障制度，建立健全把社会效益放在首位、社会效益和经济效益相统一的文化创作生产体制机制。《中华人民共和国公共图书馆法》《中华人民共和国电影产业促进法》等法律法规的制定和实施，在满足人民精神文化生活需要方面发挥着重要作用。这些制度的实施，助推文化事业、文化产业蓬勃发展。文化基础设施不断完善，群众文化生活日益丰富多彩，文化产业不断以高质量文化供给增强人们的文化获得感幸福感。人民群众在精神文化生活得到满足的同时，思想觉悟、道德水准、文明素养大幅提升，积聚起向上向善、自信自强的精神力量。

三、促进全体人民在思想上精神上紧紧团结在一起

当今世界正经历百年未有之大变局，实现中华民族伟大复兴的中国梦正处于关键时期，尤须坚持和完善繁荣发展社会主义先进文化的制度，巩固全体人民团结奋斗的共同思想基础。

坚持发挥优势与补齐短板相结合。党的十九届四中全会提出，着力固根基、扬优势、补短板、强弱项，构建系统完备、科学规范、运行有效的制度体系。就繁荣发展社会主义先进文化的制度而言，需要坚持以人民为中心的工作导向，坚持文化建设方面的根本制度、重要制度，充分发挥其在把方向、固基础、聚民心等方面的优势。着力补齐体制机制方面的短板，更好保障人民文化权益，切实提高全社会文明程度。

坚持不忘本来与面向外来相结合。中华优秀传统文化蕴含着千百年来中华民族的思想观念和价值追求，是中华民族生生不息、发展壮大的丰厚滋养和精神动力。繁荣发展社会主义先进文化，构建中华民族的精神家园，要善于继承和弘扬中华优秀传统文化，从中汲取历史

智慧和经验，并结合新的时代条件推动中华优秀传统文化创造性转化、创新性发展，筑牢我们在世界文化激荡中站稳脚跟的根基。同时，坚持以我为主、为我所用，去其糟粕、取其精华，善于融通国外各种有益的思想文化资源，吸收借鉴人类创造的一切优秀文明成果，使繁荣发展社会主义先进文化的制度在自我完善和发展中不断增强生命力和优越性。

坚持不断完善与严格执行相结合。繁荣发展社会主义先进文化的制度涵盖多个方面，是一个有机的制度体系。坚持和完善这一制度体系，必须通盘考虑、整体谋划，打好协同的"组合拳"。制度的生命力在于执行。需要在推进制度不断完善和发展的同时，严格执行制度，使其真正落地生根。在准确把握制度的丰富内涵和发展规律的基础上，把我国制度优势更好转化为治理效能，更好凝聚思想共识、营造文化氛围，促进全体人民在思想上精神上紧紧团结在一起。

（作者为北京大学习近平新时代中国特色社会主义思想

研究院研究员、马克思主义学院教授　孙来斌）

制度成熟需要时间

制度是理念的凝结、实践的积淀。人类历史表明，制度的建立和巩固，往往经过艰难曲折，都有一个从不成熟到成熟的过程。英国从 1640 年发生资产阶级革命到 1688 年"光荣革命"形成君主立宪制度，用了几十年的时间，而这套制度成熟起来的时间就更长了；美国从 1775 年开始独立战争到 1865 年南北战争结束，新的体制才大体稳定下来，用了将近 90 年的时间；法国从 1789 年发生资产阶级革命到 1870 年第二帝国倒台、第三共和国成立，其间经历了多次复辟和反复辟的较量，用了 80 多年的时间。

仅仅经过 70 年发展，中国特色社会主义制度就随着实践的发展逐步成熟定型。在新的历史起点上，坚持和完善中国特色社会主义制度、推进国家治理体系和治理能力现代化，必须以《决定》为根本遵循，牢牢抓住制度建设这条主线，推进国家制度和国家治理体系建设，推动中国特色社会主义制度更加成熟更加定型。

坚持马克思主义在意识形态领域指导地位的根本制度

坚持以什么思想理论为指导，是文化建设的首要问题，关系到政党的性质、国家的方向，关系到民族的命脉、人心的凝聚。党的十九届四中全会《决定》强调坚持马克思主义在意识形态领域指导地位的根本制度，并作出一系列重大部署。这是我们党第一次把马克思主义在意识形态领域的指导地位作为一项根本制度明确提出来，是关系党和国家事业长远发展、关系我国文化前进方向和发展道路的重大制度创新，集中体现了我们党在领导文化建设长期实践中积累的成功经验和形成的方针原则，充分反映了以习近平同志为核心的党中央对社会主义文化建设规律的认识进入了一个新的境界。

▌延伸阅读 ▶

习近平：《坚持和完善中国特色社会主义制度推进国家治理体系和治理能力现代化》，《求是》2020 年第 1 期。

习近平：《坚定文化自信，建设社会主义文化强国》，《求是》

2019 年第 12 期。

《新时代爱国主义教育实施纲要》，人民出版社 2019 年版。

《新时代公民道德建设实施纲要》，人民出版社 2019 年版。

八、不断保障和改善民生的显著优势

全党必须牢记，为什么人的问题，是检验一个政党、一个政权性质的试金石。带领人民创造美好生活，是我们党始终不渝的奋斗目标。必须始终把人民利益摆在至高无上的地位，让改革发展成果更多更公平惠及全体人民，朝着实现全体人民共同富裕不断迈进。

——习近平总书记 2017 年 10 月 18 日在中国共产党第十九次全国代表大会上的报告（引自习近平：《决胜全面建成小康社会 夺取新时代中国特色社会主义伟大胜利——在中国共产党第十九次全国代表大会上的报告》，人民出版社 2017 年版，第 44—45 页）

我们的人民热爱生活，期盼有更好的教育、更稳定的工作、更满意的收入、更可靠的社会保障、更高水平的医疗卫生服务、更舒适的居住条件、更优美的环境，期盼孩子们能成长得更好、工作得更好、生活得更好。人民对美好生活的向往，就是我们的奋斗目标。

——习近平总书记 2012 年 11 月 15 日在十八届中央政治局常委同中外记者见面时的讲话（引自《习近平谈治国理政》第一卷，外文出版社 2018 年版，第 4 页）

十八洞村的今天

"山青青，路宽敞，十八洞的今天变了样，唉嗨嗨……"嘹亮山歌拨开薄雾，十八洞村的一天在忙碌中推开日子的窗户。年轻的导游施芳丽身着苗族服饰，满脸带笑。活泼开朗的她，对家乡这几年发生的变化充满自豪，幸福感溢于言表。

然而，曾经的十八洞村却不是今天的样子。因交通闭塞与世隔绝、自然禀赋先天不足、村民观念陈旧落后，成为极度贫困的村庄。贫穷如同一顶摘不掉的帽子，紧紧扣在村子的头上。一首苗歌道出了早些年十八洞村人生活的真实写照："山沟两岔穷疙瘩，每天红薯苞谷粑。要想吃顿大米饭，除非生病有娃娃。"

2013年11月3日，对十八洞村人来说，注定是会被历史铭记的一天。用施芳丽的话说，做梦也没想到习近平总书记会来到十八洞村，与苗族同胞促膝谈心，并在这里提出了"实事求是、因地制宜、分类指导、精准扶贫"十六字方针。

几年时间里，上级对十八洞村的扶贫工作紧扣"精准"二字，下足绣花功夫。精准识别贫困对象，精准发展支柱产业，找准村里所具备的劳务经济、特色种植、特色养殖、苗绣、旅游服务五个优势。精准改善基础设施，先后实施农村"五改"（改厕、改水、改圈、改厨、改路）和公共服务设施建设。精准建设民生事业，精准创新

扶贫机制，发展猕猴桃产业。这些都是创新扶贫模式的生动实践。

精准扶贫改变了十八洞村，村民的生活发生了翻天覆地的变化。前两年，听说村里要发展特色产业，在浙江打工多年的施芳丽夫妇回来了。借助优惠政策，小两口办起了原生态蜜蜂养殖。2017 年初，村里招讲解员，施芳丽积极报名。她的身份从一个"打工妹"变成"养蜂人"，最后成了讲解员。每一天，她都用自己灿烂的笑容迎接八方宾客，自豪地介绍着家乡的巨变。

心不贫，志更坚。除了好起来的基础设施，兴起来的特色产业，更令人欣喜的是，精准扶贫激发出了十八洞村人走出贫困的志向和动力。毕竟，没有什么东西能够阻挡人民对美好生活的追求。

（摘编自《十八洞村的今天》，《人民日报》
2018 年 11 月 12 日，作者：王选）

让温暖传递更快更有力

当月申请，当月审批，当月发放。3月下旬，当广西壮族自治区金秀瑶族自治县长垌乡滴水村的张婆婆从民政局接过4000元临时救助金时，感动得流下了眼泪。

2019年，张婆婆一家脱了贫。但随后老伴、儿子相继病逝，70多岁的老人陷入困境。情况上报后，县里迅速将张婆婆纳入低保救助A类保障，发给她每月240元的低保金。同时，给她发放4000元的临时救助金。

"一事一议"、网上自助申请、"最多跑一次"改革……为了让温暖传递更快更有力，各地按下政务服务"快进键"，创新方式、提高效率，以更扎实的举措，做好帮扶工作。

——优化流程少等待。浙江省实施"最多跑一次"改革和民政服务"码上办"政策，共减少12项、259件民政业务申请材料；借助"粤省事"小程序，广东省以家庭为单位统一生成电子签章授权书，不再要求办事群众现场签字录指纹，实现了疫情防控期间的"零跑动"。

——提标扩面解危难。山东省阶段性将乡镇（街道）临时救助备用金额度提高至5万元，急难型临时救助标准上浮1000元，确保疫情防控期间救助工作所需；天津市对外出务工、返岗复工的低保对象每月扣减务工成本500元，对疫情导致生活严重困难的外来人口采取"一事一议"方式给予临时救助，最大限度提高困难群众救助面。

　　好政策解民忧、暖民心。一项项硬核措施织就一张严密的兜底保障网，有效保障了困难群众生活水平不下降，有效巩固了兜底保障脱贫攻坚的成果，折射出治理能力和治理水平的提高，体现出以人民为中心的发展思想。

（摘编自《守护好每一位困难群众》，《人民日报》
2020 年 6 月 21 日，作者：李昌禹）

> ▌编辑点评 ▶

　　社会主义的本质，是解放生产力，发展生产力，消灭剥削，消除两极分化，最终达到共同富裕。十八洞村是习近平总书记提出"精准扶贫"方略的地方。从这里开始，中华大地掀起了一场轰轰烈烈、气壮山河的精准脱贫攻坚战，数以千万计的贫困群众在精准脱贫攻坚战中摆脱贫困，过上了小康生活。在精准脱贫攻坚战中，一部分贫困群众由于疾病等原因无法实现自主脱贫，这就需要加强民生保障制度建设，织密织牢民生保障网，通过各种救助政策对其基本生活进行兜底保障，确保他们同全国人民一道步入小康社会。精准扶贫精准脱贫方略的实施和民生保障制度的建设表明，我们党始终把增进人民福祉、促进人的全面发展、朝着共同富裕方向稳步前进作为经济发展的出发点和落脚点，始终坚持以人民为中心、把人民利益摆在至高无上地位的价值取向，是社会主义本质要求在当代中国最生动的诠释。

制度优势

把人民利益摆在至高无上地位的制度

　　一个国家的制度和治理体系好不好、优越不优越，人民最有发言权。中国人民从内心拥护中国特色社会主义制度和国家治理体系，一个主要原因是它始终把人民利益摆在至高无上的地位，具有坚持以人民为中心的发展思想，不断保障和改善民生、增进人民福祉，走共同富裕道路的显著优势。

一、坚持以人民为中心的发展思想

　　习近平同志指出："为什么人、靠什么人的问题，是检验一个政党、一个政权性质的试金石。"① 坚持以人民为中心，是新时代坚持和发展中国特色社会主义的根本立场，深刻体现出我国国家制度和国家治理体系的本质属性。

　　中国共产党成立后，团结带领人民夺取新民主主义革命胜利，1949 年建立了中华人民共和国，实现了人民当家作主。永葆新中国的人民底色，最重要的一点是建立健全符合中国国情和实际、体现社会主义国家性质、保证人民当家作主的具有根本性、全局性、稳定性和长期性的制度体系，并根据时代、实践和人民的需要不断完善

_____

① 《习近平谈治国理政》第二卷，外文出版社 2017 年版，第 52 页。

发展。新中国成立后，我们党团结带领人民建立和完善社会主义制度，形成和发展党的领导和经济、政治、文化、社会、生态文明、军事、外事等各方面制度，加强和完善国家治理，我国人民依法享有广泛的权利和自由，中华民族和中华人民共和国以崭新姿态屹立于世界东方。党的十八大以来，中国特色社会主义进入新时代，我国各方面制度更加成熟更加定型，国家治理体系和治理能力现代化取得重大进展。党的十九届四中全会专题研究坚持和完善中国特色社会主义制度、推进国家治理体系和治理能力现代化问题并作出决定，把以人民为中心的发展思想进一步贯穿于制度建设各方面各环节，使我国制度优势进一步彰显。

坚持以人民为中心的发展思想，不仅是我国国家制度的显著优势，而且是我国国家治理体系和治理能力的显著优势。我们党始终坚持人民主体地位，把党的群众路线贯彻到治国理政全部活动之中，把实现好、维护好、发展好最广大人民的根本利益作为一切工作的出发点和落脚点，把人民拥护不拥护、赞成不赞成、高兴不高兴、答应不答应作为衡量一切工作得失的根本标准；虚心向人民学习，倾听人民呼声，汲取人民智慧，保证人民在日常政治生活中有广泛持续深入参与的权利。

我国国家制度和国家治理体系始终坚持以人民为中心的发展思想，归根到底是由中国共产党的先进性决定的。中国共产党是中国工人阶级的先锋队，同时是中国人民和中华民族的先锋队，是中国特色社会主义事业的领导核心，全心全意为人民服务是党的根本宗旨。我们党在领导伟大社会革命的同时，坚定不移推进党的伟大自我革命，清除一切侵蚀党的健康肌体的病毒，使党不断自我净化、自我完善、自我革新、自我提高，确保党始终保持同人民群众的血肉联系。党的十八大以来，以习近平同志为核心的党中央以自我革命精神推进全面从严治党，在新时代把党的自我革命推向深入，党的政治领导力、思想引领力、群众组织力、社会号召力不断增强，国家治理体系和治理能力现代化水平明显提高，为进一步发挥我国国家制度和国家治理体系的显著优势打开了更为广阔的空间。

二、不断保障和改善民生、增进人民福祉

中国共产党人的初心和使命，就是为中国人民谋幸福，为中华民族谋复兴。坚持和完善中国特色社会主义制度、推进国家治理体系和治理能力现代化，是党的初心使命在制度层面和国家治理上的体现，是不断保障和改善民生、增进人民福祉的根本途径。

和平安定是享有幸福生活的前提，是人民的基本需要。1840 年鸦片战争以后，中国逐步陷入半殖民地半封建社会的黑暗深渊。战乱频仍，民生凋敝，丧权辱国，成了旧中国长期无法消除的病疡。这一切灾难苦痛，都随着中华人民共和国的成立而宣告终结。在中国共产党的坚强领导下，国家主权和安全得到强有力维护，各种黑恶势力得到清除，中国社会长期安定有序、人民安居乐业，创造了世所罕见的经济快速发展奇迹和社会长期稳定奇迹。人们在历史和现实的比较中深深感悟到，有一个全心全意为人民服务的强有力的执政党，有一套保障人民当家作主、过上好日子的好制度至关重要，必须倍加珍惜。

中国人口众多，实现丰衣足食是一个历史性的难题。毛泽东同志指出："一个人口众多、物产丰盛、生活优裕、文化昌盛的新中国，不要很久就可以到来"。[①] 这一美好憧憬在新中国一步步变为现实。

---

① 《毛泽东选集》第四卷，人民出版社 1991 年版，第 1512 页。

经过几十年发展，我国稳定解决了十几亿人的温饱问题，总体上实现了小康。进入新时代，我国社会主要矛盾已经从人民日益增长的物质文化需要同落后的社会生产之间的矛盾转化为人民日益增长的美好生活需要和不平衡不充分的发展之间的矛盾，人民美好生活需要日益广泛，幼有所育、学有所教、劳有所得、病有所医、老有所养、住有所居、弱有所扶等方面国家基本公共服务制度体系日益健全。一系列发展成就充分显示出我国国家制度和国家治理体系具有不断保障和改善民生、增进人民福祉的显著优势，使我们坚定"四个自信"具有更加深厚的底气。

我国是世界上自然灾害最为严重的国家之一。新中国成立以来，经过不断探索，确立了以防为主、防抗救相结合的工作方针，国家综合防灾减灾救灾能力得到全面提升，无论灾害程度还是发生频次都大为降低，灾害发生后人民生命财产能够得到最大限度的保全，经济社会也能很快得到恢复发展。从这个意义上可以说，能不能有效防控并及时战胜灾害、保护人民生命财产安全，是检验制度优劣和治理能力高低的重要指标之一。2020年，面对突如其来的新冠肺炎疫情，以习近平同志为核心的党中央高度重视、迅速作出部署，把疫情防控作为头等大事来抓，把人民群众生命安全和身体健康摆在第一位，及时制定疫情防控方针政策，确保疫情防控有力有序推进。在党中央坚强领导下，经过各方面艰苦努力，我国疫情防控阻击战取得重大战略成果，经济社会秩序加快恢复，彰显了我国国家制度和国家治理体系的显著优势。

三、走共同富裕道路

消除贫困、改善民生、实现共同富裕，是社会主义的本质要求，是我们党矢志不渝的奋斗目标。在中国特色社会主义制度的坚强保障下，全体人民正朝着共同富裕方向稳步前进。

自古以来，共同富裕就是我国人民的一个重要理想。在中国共产党领导下，共同富裕不再停留在人们的憧憬里，而是在中国特色社会主义道路上、在中国特色社会主义制度保障下日益成为现实。

坚持我国社会主义基本经济制度，是逐步实现共同富裕的基础和前提。在马克思主义基本原理同中国具体实际相结合的进程中，我国社会主义基本经济制度日益完善，为逐步实现共同富裕提供了坚强保障。党的十九届四中全会明确提出"公有制为主体、多种所有制经济共同发展，按劳分配为主体、多种分配方式并存，社会主义市场经济体制等社会主义基本经济制度"。我国社会主义基本经济制度，既体现了社会主义制度优越性，又同我国社会主义初级阶段社会生产力发展水平相适应；既有利于解放和发展社会生产力、改善人民生活，又有利于维护社会公平正义、实现共同富裕，把人民对共同富裕的追求牢固建立在我国生产力不断发展的基础之上。

消除两极分化、缩小贫富差距，是走共同富裕道路的题中应有之义。社会主义的本质，是解放生产力，发展生产力，消灭剥削，消除两极分化，最终达到共同富裕。新中国成立后，我们消灭了剥削制度，大力推进社会主义建设。改革开放后特别是党的十八大以来，我们党坚持共享发展，坚持发展为了人民、发展依靠人民、发展成果由人民共享，作出更有效的制度安排，使全体人民在共建共享发展中有更多获得感，增强发展动力，增进人民团结，朝着共同富裕方向稳步前进。坚持按劳分配为主体、多种分配方式并存，健全劳动、资本、土地、知识、技术、管理、数据等生产要素由市场评价贡献、按贡献决定报酬的机制，健全再分配调节机制，不断缩小收入分配差距；健全城乡融合发展体制机制，要坚持工业反哺农业、城市支持农村和多予少取放活方针，促进城乡公共资源均衡配置，清除阻碍要素下乡的各种障碍，不断缩小城乡发展差距；构建区域协调发展新机制，发挥各地区比较优势，努力实现基本公共服务均等化、基础设施通达程度比较均衡、人民基本生活保障水平大体相当的目标，不断缩小区域发展差距。实践证明，中国特色社会主义制度和国家治理体系是具有强大生命力和巨大优越性的制度和治理体系。随着其日益完善，"坚持以人民为中心的发展思想，不断保障和改善民生、增进人民福祉，走共同富裕道路"的显著优势，必将更加充分地发挥出来。

(作者为北京市习近平新时代中国特色社会主义
思想研究中心　齐　彪)

推动民生保障制度更加成熟更加定型

党的十九届四中全会《决定》强调："坚持和完善统筹城乡的民生保障制度，满足人民日益增长的美好生活需要。"这是坚持以人民为中心的发展思想，注重民生、保障民生、改善民生的具体体现，是彰显中国特色社会主义制度优越性、推进国家治理体系和治理能力现代化的基础性环节。这表明，经过新中国成立70多年特别是改革开放40多年的发展，我国已经进入形成更加成熟更加定型的民生保障制度的新阶段。

一、坚持和完善统筹城乡的民生保障制度具有重大意义

坚持在发展中保障和改善民生，增进民生福祉，是我国发展的根本目的和社会和谐稳定的基石。坚持和完善统筹城乡的民生保障制度，是我们党践行为中国人民谋幸福、为中华民族谋复兴的初心和使命的具体体现，是适应我国社会主要矛盾转化的必然选择，是实现"两个一百年"奋斗目标、让我国人民享有更加幸福安康生活的重大任务。

随着我国经济发展和人民生活水平大幅提高，人们的生活需求发生了极其深刻的变化，我国社会主要矛盾已经转化为人民日益增长的美好生活需要和不平衡不充分的发展之间的矛盾。这对我国发展全局产生了广泛而深刻的影响，对民生保障制度建设也提出了更高要求。同时，我国经济发展动力已经发生深刻变化，国内消费超过投资和出口成为推动经济持续稳定增长的基础性力量。保障和改善民生，不仅对提高人民生活水平和质量具有重要意义，而且对促进经济增长、推进供给侧结构性改革、保持生产和消费的平衡具有重要意义。2019年，我国人均国内生产总值突破1万美元。我们只有坚持和完善统筹城乡的民生保障制度，才能促进经济社会协调发展、生产力较快发展、人民生活水平不断提高。

未来一二十年，我国劳动力供求关系将继续发生深刻变化。2012年以来，我国劳动年龄人口年均减少400万左右，2018年全国就业人员总量首次出现下降。在这种情况下，只有坚持和完善统筹城乡的民生保障制度，才能促进更加充分更高质量的就业，大力提高劳动者的教育和技能水平，开发新的人口红利，为建设社会主义现代化强国提供坚实的人力资本支撑。未来一二十年，我国城乡

居民生活消费也将从目前的宽裕型发展到相对富裕型，人民对美好生活的需求将不断增长，民生保障需要从注重数量增长转向更加注重质量提高。人们需要吃得饱、吃得好，穿得暖、穿得美，需要安全的食品、清新的空气、干净的水……只有坚持和完善统筹城乡的民生保障制度，才能在就业、教育、医疗、健康、社会保障、社会救助、环保、社会治理等诸多方面不断增强人民的获得感、幸福感、安全感。

二、坚持和完善统筹城乡的民生保障制度的原则和路径

在这次抗击新冠肺炎疫情中，我国统筹城乡的民生保障制度发挥了巨大作用，不仅在公共卫生服务、医疗服务、医疗保障、药品供应保障等方面体现出制度优势，而且最大程度保障了人民生活，促进了社会和谐稳定。同时，这次疫情也对不断强化公共卫生法治保障、改革完善疾病预防控制体系、健全重大疾病医疗保险和救助制度等提出了新要求。无论是进一步彰显制度优势，还是补齐短板，都要明确坚持和完善统筹城乡的民生保障制度的正确原则和路径。

注重加强普惠性、基础性、兜底性民生建设。普惠性、基础性、兜底性，是当前发展阶段我国民生建设的根本要求。我国是中国共产党领导的社会主义国家，增进人民福祉、促进人的全面发展、朝着共同富裕方向稳步前进是经济发展的出发点和落脚点，因而必须加强普惠性民生建设，让改革发展成果更多更公平惠及全体人民。我国是世界最大发展中国家，人口众多，城乡和区域发展差距较大，必须从实际出发，首先做好基础性、兜底性民生建设。要保障人民基本生活，发挥民生保障制度的兜底性作用，保护因重大灾害、重大不可抗力产

生的脆弱人群，救助困难群众；加快推进基本公共服务均等化，缩小收入分配差距，不断提高人民生活水平和质量。同时，坚持制度可持续原则，保证民生保障制度良性运行。

坚持尽力而为、量力而行。这是坚持和完善统筹城乡的民生保障制度的重大原则。保障和改善民生要以经济发展为基础，但福利增长规律与经济增长规律有所不同。经济增长有波动，而福利增长往往是刚性的。所以，在民生保障制度建设上必须防止两种错误倾向：一是忽视保障和改善民生，导致民生改善长期滞后于经济发展，破坏生产和消费的良性循环；二是追求超越经济发展阶段的高福利，导致民生保障制度难以持续，甚至造成社会危机。正确的做法是既坚持尽力而为，尽最大努力满足人民多层次多样化需求；又坚持量力而行，使民生保障水平与经济发展水平相适应，在发展中保障和改善民生。

充分发挥社会各方面积极性。这是坚持和完善统筹城乡的民生保障制度的实现途径。党和政府承担着保障和改善民生的基本职责，但不能包打天下、包办一切。要充分发挥社会各方面积极性，鼓励支持社会力量兴办公益事业，创新公共服务提供方式，把保障和改善民生与群众的自身奋斗统一起来。在许多公共服务供给方面，需要引入市场竞争机制，提高资源配置效率。鼓励、引导企业履行社会责任，大力发展慈善事业、公益事业。只要坚持共建共治共享，就能有效动员社会各方面力量积极参与民生保障制度建设。

三、在推动制度更加成熟更加定型上取得新成效

党的十八大以来，围绕满足人民对美好生活的向往，我国已经在幼有所育、学有所教、劳有所得、病有所医、老有所养、住有所居、弱有所扶等方面建立起国家基本公共服务制度体系，形成了统筹城乡

的民生保障制度基本框架。要贯彻落实党的十九届四中全会《决定》精神，进一步加强收入分配、就业、教育、社会保障、医疗健康等方面的制度建设，在推动统筹城乡的民生保障制度更加成熟更加定型上不断取得新成效，使人民获得感、幸福感、安全感更加充实、更有保障、更可持续，为实现"两个一百年"奋斗目标奠定民生保障制度基础。

在收入分配方面，党的十八大以来我国收入分配状况显著改善，居民收入与经济同步增长，中等收入群体已经扩大到 4 亿多人，2020年脱贫攻坚要全面收官。分配制度建设的重点是在保障人民收入增长和共同富裕方面下更大功夫。坚持在经济增长的同时实现居民收入同步增长、在劳动生产率提高的同时实现劳动报酬同步提高，坚持多劳多得，着重保护劳动所得，增加劳动者特别是一线劳动者劳动报酬，提高劳动报酬在初次分配中的比重。健全以税收、社会保障、转移支付等为主要手段的再分配调节机制，合理调节城乡、区域、不同群体间分配关系。鼓励勤劳致富，保护合法收入，增加低收入者收入，扩大中等收入群体，调节过高收入，清理规范隐性收入，取缔非法收入。

在就业方面，我国在近年来经济增长下行压力不断加大的情况下，保持了就业基本稳定，连续多年实现城镇新增就业 1300 万人以上，城镇调查失业率控制在 5% 左右。就业制度建设的重点是健全有利于更充分更高质量就业的促进机制。坚持就业是民生之本，实施就业优先政策，创造更多就业岗位。健全公共就业服务和终身职业技能培训制度，完善重点群体就业支持体系。适应劳动力市场深刻变化，建立促进创业带动就业、多渠道灵活就业机制。健全劳动关系协调机制，构建和谐劳动关系。

在教育方面，2018 年，我国劳动年龄人口平均受教育年限提高到 10.6 年，新增劳动力平均受教育年限达到 13.6 年，教育总体发展水平已经跃居世界中上行列。教育制度建设的重点是构建服务全民终身学习的教育体系。坚持教育优先发展，推动城乡义务教育一体化发展。健全学前教育、特殊教育和普及高中阶段教育保障机制，完善职业技术教育、高等教育、继续教育统筹协调发展机制。发挥网络教育和人工智能优势，创新教育和学习方式，加快发展面向每个人、适合每个人、更加开放灵活的教育体系。

在社会保障方面，以基本养老、基本医疗、最低生活保障制度为重点，我国基本建成了世界规模最大的覆盖全民的社会保障体系。社会保障制度建设的重点是完善覆盖全民的社会保障体系，健全统筹城乡、可持续的基本养老保险制度、基本医疗保险制度，加快建立基本养老保险全国统筹制度；统筹完善社会救助、社会福利、慈善事业、优抚安置等制度；在消除绝对贫困的基础上，建立解决相对贫困的长效机制；加快建立多主体供给、多渠道保障、租购并举的住房制度。

在医疗健康方面，我国城乡居民健康水平持续提高，2018 年居民人均预期寿命提高到 77 岁。医疗健康制度建设的重点是强化提高人民健康水平的制度保障。坚持关注生命全周期、健康全过程，完善国民健康政策。深化医药卫生体制改革，健全基本医疗卫生制度，提高公共卫生服务、医疗服务、医疗保障、药品供应保障水平。坚持以基层为重点、预防为主、防治结合、中西医并重，加强公共卫生防疫和重大传染病防控，健全重特大疾病医疗保险和救助制度。优化生育政策，提高人口质量，积极应对人口老龄化。

（作者为中国社会科学院原副院长、全国人大社会建设委员会副主任委员 李培林）

以人民为中心的发展思想

以人民为中心的发展思想，不是一个抽象的、玄奥的概念，不能只停留在口头上、止步于思想环节，而要体现在经济社会发展各个环节。要坚持人民主体地位，顺应人民群众对美好生活的向往，不断实现好、维护好、发展好最广大人民的根本利益，做到发展为了人民、发展依靠人民、发展成果由人民共享。要通过深化改革、创新驱动，提高经济发展质量和效益，生产出更多更好的物质精神产品，不断满足人民日益增长的物质文化需要。要全面调动人的积极性、主动性、创造性，为各行业各方面的劳动者、企业家、创新人才、各级干部创造发挥作用的舞台和环境。要坚持社会主义基本经济制度和分配制度，调整收入分配格局，完善以税收、社会保障、转移支付等为主要手段的再分配调节机制，维护社会公平正义，解决好收入差距问题，使发展成果更多更公平惠及全体人民。

调查失业率

调查失业率，是指通过劳动力调查或相关抽样调查推算得到的失业人口占全部劳动力（就业人口和失业人口之和）的百分比。调查失业率是从宏观层面分析经济发展和就业发展状况的重要指标。我国的就业人口和失业人口定义与国际劳工组织标准相一致，调查失业率具有国际可比性。

调查失业率作为与经济增长率、物价指数和国际收支平衡状况并行的四大宏观经济指标之一，对于监测宏观经济运行和反映就业失业状况具有重要作用。自 2018 年 4 月起，国家统计局将调查失业率纳入主要统计信息发布计划，按月定期发布全国城镇调查失业率和 31 个大城市城镇调查失业率。

▍延伸阅读 ▶

习近平：《在省部级主要领导干部学习贯彻党的十八届五中全会精神专题研讨班上的讲话》，《人民日报》2016 年 5 月 10 日。

习近平：《人民对美好生活的向往，就是我们的奋斗目标》，《习近平谈治国理政》第一卷，外文出版社 2018 年版。

九、坚持改革创新的显著优势

在人类文明发展史上，除了中国特色社会主义制度和国家治理体系外，没有任何一种国家制度和国家治理体系能够在这样短的历史时期内创造出我国取得的经济快速发展、社会长期稳定这样的奇迹。

——习近平总书记 2019 年 10 月 31 日在党的十九届四中全会第二次全体会议上的讲话（引自《习近平谈治国理政》第三卷，外文出版社 2020 年版，第 124 页）

新时代改革开放具有许多新的内涵和特点，其中很重要的一点就是制度建设分量更重，改革更多面对的是深层次体制机制问题，对改革顶层设计的要求更高，对改革的系统性、整体性、协同性要求更强，相应地建章立制、构建体系的任务更重。

——习近平总书记 2019 年 10 月 28 日在党的十九届四中全会上所作的关于《中共中央关于坚持和完善中国特色社会主义制度、推进国家治理体系和治理能力现代化若干重大问题的决定》的说明（引自《习近平谈治国理政》第三卷，外文出版社 2020 年版，第 112 页）

三代人见证小岗村之变

一滴水可以折射出太阳的光辉，一户人家的命运变化可以映照整个国家的沧桑巨变。严俊昌，曾任安徽省凤阳县小岗村生产队长。40年前，正是在他的带领下，安徽省凤阳县小岗村的十几户农民在全国率先推行"大包干"，开启了波澜壮阔的改革开放时代巨幕。40年来，小岗村走过了从摁下红手印大包干到土地确权颁证领到"红本本"，再到"农村资源变资产、资金变股金、农民变股东"的改革，一次次为改革探索蹚路，使得这个地处淮河岸边的小村庄，始终与家国命运同频共振……

谈起往事，已年逾八旬的严俊昌仍难掩激动之情。他说，1978年以前，小岗村是全县有名的"吃粮靠返销、用钱靠救济、生产靠贷款"的"三靠村"，每年秋收后，几乎家家外出讨饭。于是，在1978年底的一个晚上，他和村里其他十几户村民走进村里的一间茅草屋，在那里他们签下了那份具有划时代意义的"生死契约"。

在小岗村大包干纪念馆内，我们仍能看到那份"生死契约"，寥寥数语，却字字千钧。"我们分田到户，每户户主签字盖章，如此后能干，每户保证完成每户的全年上交和公粮不在（再）向国家伸手要钱要粮。如不成，我们干部作（坐）牢杀头也干（甘）心，大家社员也保证把我们的小孩养活到十八岁。"签订当晚，生产队

的土地、耕牛、农具等按人头分到了各家各户，轰轰烈烈的"大包干"就此开启。

"大包干"第一年，小岗村粮食总产量就达到了十几万斤；人均收入400元，是上一年的18倍，小岗村20多年吃救济粮的日子成为历史。"家里的粮食堆得满屋子都是，整个村子都洋溢着丰收的喜悦。不过，在报纸对此进行报道后，却引起了县里一阵恐慌，大家都不知道要面临什么后果。"好在他们的做法得到了上级的肯定，并将大包干推广到安徽全省。

如今，40年过去了，严俊昌坦言自己从未后悔过当初的决定。更庆幸的是，在党的领导下，改革开放已经成为基本国策，它不仅改变了小岗村的面貌，也改变了整个国家的面貌。如今的严俊昌，仍在关注着小岗村乃至整个国家的变化，内心时刻充满着一股自豪感。

（摘编自《三代人见证小岗村之变》，《人民日报》
2018年9月5日，作者：韩俊杰、徐靖、金赵辉）

文明古国实现伟大复兴的现代样本

我最近一次去中国是 2018 年 8 月，如今的中国已经与我 30 多年前第一次去时的样子截然不同。1985 年，我到中国留学。那时中国处于改革开放初期，整个国家都处在快速发展变化之中。其间有一段时间我住在北京的四惠附近，出门就能看到农田菜园，路上是熙熙攘攘的自行车流。那时，估计很多人跟我一样，完全不会预见到那个田园牧歌式的东方国度能在短短几十年里变成一个如此现代化的国家。

中国改革开放 40 多年来，大家看到最多的当然是经济上的发展。但作为一名汉学研究者，我感受最多的是中国人精神面貌的变化，是一个国家在传统与现代的融合发展中，在经济社会快速发展的进程中，在每个人身上留下的时代印记。

刚去中国的时候，中国人给我的第一印象是羞涩、严肃。那时的中国民众还不擅于跟外国朋友打交道，尽管在大城市里已有了学英语的潮流。由于改革开放，中国民众展现出积极向上的精神面貌，大家都对未来的幸福生活充满了期待，也对外面的世界充满了向往。今天的中国人更加开放自信，在同国外民众交流时非常轻松自然。

在我看来，中国改革开放的成功给世界最大的启示就是，一个国家要找到一条适合自身发展的道路，在改革与继承、开放与传统、东方与西方、未来与历史中间寻找到一个最佳的平衡点是完全有可能的。中国的经验向世界证明，中国人民找到了一条适合自身发展的道路。中国改革开放是一个文明古国实现伟大复兴的现代样本，是人类文明发展的宝贵财富和经验。

（摘编自《文明古国实现伟大复兴的现代样本》，《人民日报》2019 年 1 月 4 日，作者：玛乌戈热塔·雷里加）

编辑点评 ▶

如今的安徽小岗村，茅草屋变成了小楼房，从"包一代""包二代"到"包三代"，他们始终在追梦，不断有新的梦想。小岗村翻天覆地的变化，是我国改革开放以来所取得的伟大成就的缩影。从实行家庭联产承包责任制到实施乡村振兴战略、从以经济体制改革为主到全面深化改革、从兴办经济特区到共建"一带一路"，改革开放走过千山万水，我国创造了世所罕见的经济快速发展奇迹，用几十年时间走完了发达国家几百年走过的工业化历程。

改革开放推动我国社会主义制度自我完善和发展。40 多年来，我们将坚守道路与自我完善并举、将原则的坚定性与策略的灵活性结合起来，持续推进制度创新。改革开放的实践证明，我国国家制度和国家治理体系具有坚持改革创新、与时俱进，善于自我完善、自我发展，使社会始终充满生机活力的显著优势，这样一种强大的自我完善能力和与时俱进的变革能力，让我国能够始终踏准时代节拍、跟上时代变化，让社会始终充满生机活力，有力推动中国特色社会主义制度和国家治理体系不断走向成熟，国家治理现代化水平持续提升。

推动新时代改革开放走得更稳走得更远

党的十九届四中全会《决定》深入阐述新时代坚持和完善中国特色社会主义制度、推进国家治理体系和治理能力现代化的重大意义和总体要求，明确各项制度必须坚持和巩固的根本点、完善和发展的方向，为新时代全面深化改革指明前进路径，必将推动新时代改革开放走得更稳走得更远。

一、以坚持和完善中国特色社会主义制度、推进国家治理体系和治理能力现代化为主轴

习近平同志指出："改革开放是党和人民大踏步赶上时代的重要法宝，是坚持和发展中国特色社会主义的必由之路，是决定当代中国命运的关键一招，也是决定实现'两个一百年'奋斗目标、实现中华民族伟大复兴的关键一招。"① 党的十八届三中全会首次提出"完善和发展中国特色社会主义制度、推进国家治理体系和治理能力现代化"的全面深化改革总目标，推出一系列重大改革举措，合理布局全面深化改革的战略重点、优先顺序、主攻方向、工作机制、推进方式和时间表、路线图，要求到 2020 年在重要领域和关键环节改革上取得决

---

① 习近平：《在庆祝改革开放 40 周年大会上的讲话》，人民出版社 2018 年版，第 21 页。

定性成果。经过努力，重要领域和关键环节改革成效显著，主要领域基础性制度体系基本形成，为推进国家治理体系和治理能力现代化打下了坚实基础。同时也要看到，改革开放只有进行时、没有完成时，改革开放永远在路上。在改革开放进程中，还有许多硬骨头要啃，还有许多难关要攻克。当前，中国特色社会主义进入新时代，我国正处于实现中华民族伟大复兴关键时期，从全面建设社会主义现代化国家的战略需要出发，对全面深化改革进一步作出部署，是把新时代改革开放推向前进的客观要求。

党的十九届四中全会系统集成了党的十八届三中全会以来全面深化改革的理论成果、制度成果、实践成果，对新时代全面深化改革勾勒出更加清晰的顶层设计，和党的十八届三中全会历史逻辑一脉相承、理论逻辑相互支撑、实践逻辑环环相扣，目标指向一以贯之，重大部署接续递进。这次全会明确提出坚持和完善中国特色社会主义制度、推进国家治理体系和治理能力现代化的总体目标：到我们党成立100年时，在各方面制度更加成熟更加定型上取得明显成效；到2035年，各方面制度更加完善，基本实现国家治理体系和治理能力现代化；到新中国成立100年时，全面实现国家治理体系和治理能力现代化，使中国特色社会主义制度更加巩固、优越性充分展现。这和党的十九大提出的从全面建成小康社会到基本实现现代化，再到全面建成社会主义现代化强国的战略安排相一致，必将为全面建成社会主义现代化强国提供根本保障。

新时代谋划全面深化改革，要以坚持和完善中国特色社会主义制度、推进国家治理体系和治理能力现代化为主轴，增强以改革推进国家制度和国家治理体系建设的自觉性，突出制度建设这条主线。既要排查梳理已经部署各项改革任务的完成情况，又要把四中全会部署的重要举措及时纳入工作日程；既要保持中国特色社会主义制度和国家治理体系的稳定性和延续性，又要抓紧制定国家治理体系和治理能力现代化急需的制度、满足人民对美好生活新期待必备的制度，实现改革举措的有机衔接、融会贯通，推动中国特色社会主义制度不断自我完善和发展、永葆生机和活力。

二、推动新时代全面深化改革系统集成、协同高效

习近平同志指出："相比过去，新时代改革开放具有许多新的内涵和特点，其中很重要的一点就是制度建设分量更重，改革更多面对的是深层次体制机制问题，对改革顶层设计的要求更高，对改革的系统性、整体性、协同性要求更强，相应地建章立制、构建体系的任务更重。"[1] 这为推动全面深化改革系统集成、协同高效提供了科学指引。应深刻把握我国发展要求和时代潮流，把制度建设和治理能力建设摆到更加突出的位置，推动各项改革向制度更加成熟更加定型靠拢，让各项改革相得益彰、发生化学反应。

进一步增强改革的系统性、整体性、协同性。我国国家治理体系和治理能力是中国特色社会主义制度及其执行能力的集中体现。新时代全面深化改革，要注重同中国特色社会主义根本制度、基本制度、重要制度对标对表，理清工作思路和抓手，结合四中全会部署的各项改革任务，一体推动、一体落实。要把握不同改革的特点性质，坚持出台方案、健全机制、推进落实一起抓。落实改革方案要因地制宜、有的放矢，不搞上下"一般粗"，不搞"一刀切"。要聚焦制度是否有效运转开展督察，看改革是否实现目标集成、政策集成、效果集成。通过固根基、扬优势、补短板、强弱项，构建系

---

[1]　《习近平谈治国理政》第三卷，外文出版社 2020 年版，第 112 页。

统完备、科学规范、运行有效的制度体系，把我国制度优势更好转化为国家治理效能。

在建章立制、构建体系上下更大功夫。党的十九届四中全会提出的目标和任务，集中体现了新时代改革开放的新内涵和新特点，为继续深化各领域各方面体制机制改革、推动各项制度更加成熟更加定型指明了前进方向。国家治理体系是在党领导下管理国家的制度体系，包括党的领导和经济、政治、文化、社会、生态文明、军事、外事等各方面制度，是一整套紧密相连、相互协调的国家制度。在建章立制、构建体系上下更大功夫，既要坚持根本制度、基本制度、重要制度相衔接，统筹顶层设计和分层对接，统筹制度改革和制度运行；又要明确各项制度必须坚持和巩固的根本点、完善和发展的方向，落实好制度建设的各项任务和部署。对于各项改革，已建立制度框架的，要对照四中全会精神继续巩固完善，建立长效机制；正在探索的，要狠抓攻坚克难，努力实现突破，做好总结提炼、形成制度安排；有待谋划推出的，要大胆改革创新，及时研究制定方案。要明确时间表和路线图，在精准谋划、精准实施上下足功夫，改革解决什么问题、什么时候推出、对制度建设有什么作用都要做到心中有数。

三、努力开拓新时代改革开放新局面

党的十九届四中全会全面回答了在我国国家制度和国家治理体系上应该"坚持和巩固什么、完善和发展什么"这个重大政治问题，阐明了必须牢牢坚持的重大制度和原则，部署了推进制度建设的重大任务和举措。落实好四中全会精神，以改革推进国家制度和国家治理体系建设，就能在坚持和完善中国特色社会主义制度、推进国家治理体

系和治理能力现代化上不断取得新进展。我们要在习近平新时代中国特色社会主义思想指引下，增强"四个意识"，坚定"四个自信"，做到"两个维护"，努力开拓新时代改革开放新局面，为实现"两个一百年"奋斗目标、实现中华民族伟大复兴的中国梦提供有力制度保证。

坚持人民主体地位和党的领导的统一。习近平同志指出，"坚持人民主体地位和党的领导的统一，紧紧依靠人民推进改革开放。"改革开放是亿万人民自己的事业，人民群众是改革开放事业的实践主体。因此，必须尊重人民主体地位、尊重人民首创精神。中国共产党是中国人民和中华民族的主心骨；中国共产党领导是中国特色社会主义最本质的特征，是中国特色社会主义制度的最大优势，是始终坚持改革开放正确方向的根本保证。因此，改革发展稳定任务越繁重，越要加强和改善党的领导，越要保持党同人民群众的血肉联系，善于通过提出和贯彻正确的路线方针政策带领人民前进，善于从人民的实践创造和发展要求中完善政策主张，使改革发展成果更多更公平惠及全体人民，不断为深化改革开放夯实群众基础。

坚持问题导向和目标导向的统一。问题是事物矛盾的表现形式，是打开工作局面的突破口。只有树立强烈的问题意识和问题导向，才能有效破解各种难题，把事业不断推向前进。目标是要达到的目的和结果。有了明确的目标，紧紧围绕既定目标开展工作，才能在目标指引的方向和道路上持续奋进。坚持目标导向和问题导向的统一，就是既从坚持和完善中国特色社会主义制度、推进国家治理体系和治理能力现代化的总体目标倒推，厘清到时间节点必须完成的任务；又从迫切需要解决的问题顺推，明确破解难题的途径和办法，从而一步一个脚印，充分发挥中国特色社会主义制度优越性，有效推进国家治理体系和治理能力现代化。

坚持改革决策和立法决策的统一。改革和法治相辅相成、相伴而生。坚持改革决策和立法决策的统一，就要在法治下推进改革，在改革中完善法治。立法要主动适应改革需要，积极发挥引导、推动、规范、保障改革的作用，做到重大改革于法有据，改革和法治同步推进。对实践证明比较成熟的改革经验和行之有效的改革举措，要尽快上升为法律；对实践条件还不成熟、需要先行先试的，要按照法定程序作出授权；对不适应改革要求的现行法律法规，要及时修改或废止。

开拓新时代改革开放新局面，还要加强新时代干部队伍建设，把提高治理能力作为新时代干部队伍建设的重大任务，通过加强思想淬炼、政治历练、实践锻炼、专业训练，推动广大干部严格按照制度履行职责、行使权力、开展工作，提高推进"五位一体"总体布局和"四个全面"战略布局等各项工作能力和水平。

（作者分别为全国中国特色社会主义政治经济学研究中心（福建师范大学）主任、副主任 李建平 黄 瑾）

通过革故鼎新不断开辟未来

党的十九届四中全会《决定》系统概括了我国国家制度和国家治理体系十三个方面的显著优势，其中之一是"坚持改革创新、与时俱进，善于自我完善、自我发展，使社会始终充满生机活力"。习近平同志指出："改革创新是通往长久繁荣的必由之路。"新中国成立70多年来，正是在改革创新、与时俱进，自我完善、自我发展中，我国国家制度和国家治理体系成为具有显著优越性和强大生命力的制度和治理体系，为不断夺取社会主义革命、建设、改革新胜利提供了有效制度保障。面向未来，我们仍要坚持全面深化改革，勇于推进创新，通过革故鼎新不断开辟未来。

一、坚持改革创新、与时俱进

新中国成立之初，我们党就开始独立自主探索社会主义建设之路。为改变我国一穷二白的落后面貌，我们党迎难而上、艰苦奋斗，团结带领人民确立了社会主义基本制度，为当代中国一切发展进步奠定了根本政治前提和制度基础。党的八大对我国社会主要矛盾作出正确判断，提出党在今后的根本任务是集中力量发展社会生产力。虽然后来由于"左"的错误，很多关于社会主义建设的正确思想没有得到贯彻落实，但我们党取得的积极成果是极其宝贵的，为新的历史时期开创中国特色社会主义提供了宝贵经验、理论准备、物质基础。

党的十一届三中全会作出把党和国家工作中心转移到经济建设上来、实行改革开放的历史性决策。从那时以来，我们党团结带领人民进行改革开放新的伟大革命，推进经济体制以及其他各方面体制改革，使我国成功实现了从高度集中的计划经济体制到充满活力的社会主义市场经济体制、从封闭半封闭到全方位开放的伟大历史转折，实现了人民生活从温饱到小康的历史性跨越，实现了经济总量跃居世界第二的历史性飞跃，极大调动了亿万人民的积极性，极大促进了社会生产力发展，极大增强了党和国家生机活力。在改革开放伟大历史进程中，我们党团结带领人民开辟了中国特色社会主义道路，中华民族大踏步赶上时代潮流、迎来伟大复兴的光明前景。

经过长期努力，中国特色社会主义进入新时代。以习近平同志为核心的党中央全面审视国际国内新形势，通过总结实践、展望未来，深刻回答了新时代坚持和发展什么样的中国特色社会主义、怎样坚持和发展中国特色社会主义这个重大时代课题，形成了习近平新时代中国特色社会主义思想；以巨大的政治勇气和智慧，提出全面深化改革总目标是完善和发展中国特色社会主义制度、推进国家治理体系和治理能力现代化，着力增强改革系统性、整体性、协同性，着力抓好重大制度创新，着力提升人民群众获得感、幸福感、安全感，开启了全面深化改革、系统整体设计推进改革的新时代；领导人民统筹推进"五位一体"总体布局、协调推进"四个全面"战略布局，推动各方面制度更加成熟更加定型，为政治稳定、经济发展、文化繁荣、民族团结、人民幸福、社会安宁、国家统一提供了有力保障。中国特色社会主义道路、理论、制度、文化焕发出强大生机活力，中华民族伟大复兴展现出前所未有的光明前景。

实践证明，改革开放是党和人民大踏步赶上时代的重要法宝；创新是一个国家兴旺发达的不竭动力。习近平同志指出："惟改革者进，惟创新者强，惟改革创新者胜。"①坚持改革创新、与时俱进既是我国国家制度和国家治理体系的鲜明特征，又是其显著优势。在改革创新、与时俱进中，中国特色社会主义制度不断完善，国家治理体系和治理能力现代化水平明显提高，全社会发展活力和创新活力明显增强。

二、善于自我完善、自我发展

推进改革的目的是不断推进我国社会主义制度自我完善和自我发展，赋予社会主义新的生机活力。40多年的改革开放有力推动中国

---

① 习近平：《谋求持久发展 共筑亚太梦想——在亚太经合组织工商领导人峰会开幕式上的演讲》，《人民日报》2014年11月10日。

特色社会主义制度和国家治理体系在革除体制机制弊端的过程中不断走向成熟。党的十八大以来，我们全面深化改革，我国国家制度和国家治理体系彰显强大的自我完善、自我发展能力。

从党的十八大以来党的全国代表大会和党中央全会对制度建设和治理能力建设作出的重大部署中，可以清晰看出我国国家制度和国家治理体系自我完善和自我发展的轨迹。党的十八大强调"构建系统完备、科学规范、运行有效的制度体系，使各方面制度更加成熟更加定型"；党的十八届三中全会对全面深化改革作出总体部署，提出全面深化改革的总目标；党的十八届五中全会强调"十三五"时期要实现"各领域基础性制度体系基本形成"；党的十九大作出到本世纪中叶把我国建成富强民主文明和谐美丽的社会主义现代化强国的战略安排，明确了到2035年和本世纪中叶制度建设和治理能力建设的目标；党的十九届二中、三中全会分别就修改宪法和深化党和国家机构改革作出部署，在制度建设和治理能力建设上迈出了新的重大步伐；党的十九届四中全会《决定》对坚持和完善中国特色社会主义制度、推进国家治理体系和治理能力现代化进行系统总结，提出与时俱进完善和发展的前进方向和工作要求。

党的十八大以来，我们党把制度建设摆到更加突出的位置，我国国家制度和国家治理体系展现出更加鲜明的中国特色、更加明显的制度优势、更加强大的自我完善能力。坚持和完善党的领导制度体系，把党的领导落实到国家治理各领域各方面各环节；毫不动摇巩固和发展公有制经济，毫不动摇鼓励、支持、引导非公有制经济发展，充分发挥市场在资源配置中的决定性作用，更好发挥政府作用，激发各类市场主体活力；坚持党的领导、人民当家作主、依法治国有机统一，用制度体系保证人民当家作主；加强文化领域制度建设，积极培育和践行社会主义核心价值观，推动中华优秀传统文化创造性转化、创新性发展，传承革命文化，发展社会主义先进文化；加强社会治理制度建设，不断促进社会公平正义，保持社会安定有序；加强生态文明制度建设，实行最严格的生态环境保护制度……我国主要领域基础性制度体系基本形成，社会生产力得到进一步解放和发展，全社会创造活力持续释放，为推进国家治理体系和治理能力现代化打下了坚实基础。2020 年 4 月 27 日，中央全面深化改革委员会第十三次会议审议通过的《党的十九届四中全会重要改革举措实施规划（2020—2021 年)》，是坚持和完善中国特色社会主义制度、推进国家治理体系和治理能力现代化的施工图。随着实施规划的扎实推进，我国国家制度和国家治理体系的强大生命力和巨大优越性必将更加充分地释放出来。

三、使社会始终充满生机活力

中国特色社会主义制度和国家治理体系坚持改革创新、与时俱进，善于自我完善、自我发展，保障我国社会始终充满生机活力。比如，社会主义市场经济体制的建立和完善，激发各类市场主体活力，促进一切要素活力竞相迸发、一切创造社会财富的源泉充分涌流，极大解放和发展了社会生产力。又如，随着新型工业化、信息化、城镇化、农业现代化深入推进，社会流动规模和速度大大提高，基层群众自治的积极性主动性显著增强。我们加强和创新社会治理，坚持和完善共建共治共享的社会治理制度，建设人人有责、人人尽责、人人享有的社会治理共同体，进一步解放和增强社会活力，确保人民安居乐业、社会安定有序。

我国国家制度和国家治理体系之所以具有坚持改革创新、与时俱进，善于自我完善、自我发展，使社会始终充满生机活力的显著优势，根本原因是我们党勇于自我革命，不断提高自我净化、自我完善、自我革新、自我提高的能力。习近平同志指出："勇于自我革命，是我们党最鲜明的品格，也是我们党最大的优势。"自我革命的勇气，来自我们党始终坚持人民立场这一根本政治立场。我们党除了国家、民族、人民的利益，没有任何自己的特殊利益，因而能够以勇于自我革命的气魄、坚忍不拔的毅力推进改革，坚决破除一切不合时宜的思想观念和体制机制弊端，突破利益固化的藩篱，激发全社会创造力和发展活力，不断把为人民造福的事业推向前进。我们党以勇于自我革命精神打造和锤炼自己，在革故鼎新、守正创新中实现自身跨越，以党的伟大自我革命推动伟大社会革命，不断给党和人民事业注入强大生机活力。

2020年，面对突如其来的新冠肺炎疫情，以习近平同志为核心的党中央坚持把人民群众生命安全和身体健康放在第一位，统筹全局、沉着应对，果断采取一系列防控和救治举措，经过艰苦卓绝的努力，武汉保卫战、湖北保卫战取得决定性成果，疫情防控阻击战取得重大战略成果，统筹推进疫情防控和经济社会发展工作取得积极成效。同时，针对这次疫情暴露出来的短板和不足，抓紧补短板、堵漏洞、强弱项，完善重大疫情防控体制机制，健全国家公共卫生应急管理体系。这是对我们党牢牢坚持人民立场，我国国家制度和国家治理体系坚持改革创新、与时俱进，善于自我完善、自我发展的生动诠释。

（作者为上海市习近平新时代中国特色社会主义思想
研究中心研究员、上海大学教授　李友梅）

全面深化改革

　　一个时代有一个时代的问题，一代人有一代人的使命。随着改革进入攻坚期和深水区，遇到的阻力越来越大，面对的暗礁、潜流、漩涡越来越多。发展中的问题和发展后的问题、一般矛盾和深层次矛盾交织叠加、错综复杂。容易的、皆大欢喜的改革已经完成了，好吃的肉都吃掉了，剩下的都是难啃的硬骨头。中国要前进，就要全面深化改革开放。全面深化改革是一个涉及经济社会发展各领域的复杂系统工程，需要统筹谋划各个方面、各个层次、各个要素，注重推动各项改革相互促进、良性互动、协同配合。新时代谋划全面深化改革，必须以坚持和完善中国特色社会主义制度、推进国家治理体系和治理能力现代化为主轴，深刻把握我国发展要求和时代潮流，把制度建设和治理能力建设摆到更加突出的位置，继续深化各领域各方面体制机制改革，推动各方面制度更加成熟更加定型，推进国家治理体系和治理能力现代化。

社会治理

　　社会治理是指在处理社会问题、社会事务上，采取双向互动、多方参与、共建共享的思路，社会各方以合作、协商的方式处理复杂的社会问题和社会矛盾。社会治理是国家治理的重要组成部分。党的十六届四中全会提出"社会建设""社会管理体制创新""构建社会主义和谐社会"，党的十八届三中全会提出"提高社会治理水平"，党的十八届五中全会提出"构建全民共建共享的社会治理格局"，党的十九届四中全会提出"建设人人有责、人人尽责、人人享有的社会治理共同体"。社会治理进一步强化了人民群众的主体地位，强调全体人民共同参与、共同享有，体现了现代国家治理理念。在我们这样一个人口众多的国家，解决社会问题时如果能够调动广大人民群众的积极性，很多困难就会迎刃而解。

▌延伸阅读 ▶

《中共中央关于全面深化改革若干重大问题的决定》，人民出版社2013年版。

习近平：《在庆祝改革开放40周年大会上的讲话》，人民出版社2018年版。

十、培养造就优秀人才的显著优势

从哪里选人？就是要坚持五湖四海、任人唯贤，广开进贤之路。"治天下者，用人非止一端，故取士不以一路。"要打开视野、不拘一格，坚持干部工作一盘棋，除了党政机关，还要注重从国有企业、高等学校、科研院所等各个领域各条战线选拔优秀人才。人选来源渠道拓宽了，更有利于好中选优、优中选强。正所谓"凡用人之道，采之欲博，辨之欲精，使之欲适，任之欲专"。

　　——习近平总书记 2018 年 7 月 3 日在全国组织工作会议上的讲话（引自习近平：《在全国组织工作会议上的讲话》，人民出版社 2018 年版，第 20—21 页）

中国故事

任人唯贤是正派路线

　　"政治路线确定之后，干部就是决定的因素。"毛泽东同志曾指出："中国共产党是在一个几万万人的大民族中领导伟大革命斗争的党，没有多数才德兼备的领导干部，是不能完成其历史任务的。"毛泽东同志知人之长，也善于用人之长，能做到人尽其才，才尽其用。

　　抗战初期，山东地区日寇、伪军、土匪等各类武装势力有几十个。毛泽东同志决然命令许世友将军奔赴山东，开辟齐鲁抗战新形势。很快，许世友带领军队消去了山东大小军阀势力，抗战形势为之一新。

　　俗话说："千军易得，一将难求。"毛泽东同志对徐向前将军的信任，也是我们党选贤任能原则的很好体现。1937年夏天，西路军失败后，徐向前受到毛泽东的接见。此时，徐向前受到有些人的质疑。毛泽东认为，西路军的问题是许多复杂原因导致的，不能因此责备徐向前。徐向前一下子打消了所有的顾虑。半年之后，在刘伯承、邓小平、徐向前等人的努力下，太行山地区抗日部队迅速由几千人壮大到几万人，而且战绩卓著。

▌编辑点评▶

　　"千秋基业，人才为本。"中国共产党之所以能够从最初只有50多名党员发展成为今天拥有9191.4万名党员、468.1万个基层党组织的世界大党，团结带领全国人民取得革命、建设、改革的伟大胜利，一个重要原因就在于始终坚持党管人才原则，以识才的慧眼、爱才的诚意、用才的胆识、容才的雅量、聚才的良方，把党内外、国内外各方面优秀人才集聚到党和人民的伟大奋斗中来。

　　办好中国的事情，关键在党，关键在人，关键在人才。人才是实现民族振兴、赢得国际竞争主动的战略资源。当今世界正经历百年未有之大变局，中华民族伟大复兴正处于关键时期。我们要充分发挥我国国家制度和国家治理体系，坚持德才兼备、选贤任能，聚天下英才而用之，培养造就更多更优秀人才的显著优势，为实现中华民族伟大复兴提供各方面人才保障和智力支撑。

制度优势

聚天下英才而用之

　　"为政之要，惟在得人""育才造士，为国之本"。人才是实现民族振兴、赢得国际竞争主动的战略资源。党的十九届四中全会《决定》系统概括了我国国家制度和国家治理体系十三个方面的显著优势，其中一个重要方面就是"坚持德才兼备、选贤任能，聚天下英才而用之，培养造就更多更优秀人才的显著优势"。深刻认识并准确把握这一显著优势，对于我们加快建设人才强国、不断夺取新时代中国特色社会主义新胜利具有十分重要的意义。

一、中国制度能够聚天下英才而用之

　　办好中国的事情，关键在党，关键在人，关键在人才。实现中华民族伟大复兴的中国梦，需要培养选拔千千万万高素质优秀人才。我国国家制度和国家治理体系具有坚持德才兼备、选贤任能，聚天下英才而用之，培养造就更多更优秀人才的显著优势。

　　形成一整套系统完备、科学规范、运行有效的人才培育、选拔、管理、使用的制度体系。育好选好管好用好人才，根本靠制度。改革开放以来特别是党的十八大以来，随着全面深化改革不断深入，具有中国特色的人才制度体系日益完善，充分体现了党管人才原则。目前，以"两个体制"（人才领导体制、人才管理体制）和"六个机制"（人才培养支持机制、人才评价机制、人才顺畅流动机制、人才创新创业激励机制、具有国际竞争力的引才用才机制、人才优先发展保障机制）等为主要内容的人才制度体系正在有序有效运转。

有效遏制吏治腐败和选人用人不正之风。吏治腐败是最大的腐败，选人用人不正之风害党祸国殃民。我们党一直高度重视惩治吏治腐败，匡正选人用人风气。特别是党的十八大以来，以习近平同志为核心的党中央坚持全面从严治党，反腐败斗争取得压倒性胜利，遏制了包括吏治腐败在内的各种腐败行为，惩治了一批腐败分子，纯洁了党和国家干部、人才队伍，优化了党内政治生态和社会生态，净化了党风、政风和社会风气。同时，健全完善一大批党内法规和国家法律，扎紧反腐败的制度笼子。这些都为人才辈出、人尽其才、才尽其用创造了有利条件。

培养造就一支规模宏大、门类齐全、素质优良的人才队伍。依靠我国国家制度和国家治理体系，经过长期努力，我国人才队伍建设取得历史性成就。党的十八大以来，我国加快从人才大国向人才强国迈进。目前，我国人才队伍从数量规模、素质质量、结构优化程度等多项指标看，都已跃居世界前列。比如，科技研发人员总量和技能劳动者总量已多年稳居世界第一，科技发明授权量保持在世界前三位。

营造有利于人才成长的良好环境。充分发挥坚持德才兼备、选贤任能，聚天下英才而用之，培养造就更多更优秀人才的显著优势，离不开有利于人才成长的良好环境。党的十八大以来，以习近平同志为核心的党中央大力推进人才制度建设，积极营造有利于人才成长的良好环境。围绕新时代如何做好人才工作、发展人才事业、建设人才强国等一系列重大问题，习近平总书记发表一系列重要论述，为新时代人才工作和人才事业发展指明了方向，为人才成长营造了良好环境。

二、聚天下英才而用之的意义重大

制度的生命力在于执行，制度的价值在于管用。充分发挥坚持德才兼备、选贤任能，聚天下英才而用之，培养造就更多更优秀人才的显著优势，能够为实现中华民族伟大复兴提供各方面人才保障和智力支撑。

为强党兴党提供坚实人才保障和智力支撑。东西南北中，党政军民学，党是领导一切的。党强则国强，党兴则国兴。我们党成立近百年的历史证明，能否聚天下英才为党所用，事关党的兴衰成败。我们党能够从最初只有 50 多名党员发展成为今天拥有 9191.4 万名党员、468.1 万个基层党组织的世界大党，就在于我们党高度重视人才、广泛吸纳人才、善于使用人才；就在于我们党能够集中中国工人阶级和中国人民、中华民族的先进分子，集中全国各领域德才兼备的优秀人才，为党的事业不懈奋斗。在我们党已经成功执政 70 多年的今天，面对"四大危险""四种考验"，面对世界百年未有之大变局，我们要最大程度地聚天下英才而用之，更大规模更高质量更有成效地培养一批又一批党的执政骨干人才。

为强国兴国提供坚实人才保障和智力支撑。兴治之要，惟在得人；千秋基业，人才为先。人才兴，国运昌；人才旺、国势隆。今天，我们比历史上任何时期都更接近、更有信心和能力实现中华民族伟大复兴的目标，我们也比历史上任何时期都更加需要人才、更加渴求人才。中国制度聚天下英才而用之的显著优势为满足这种需要和渴求提供了强大支撑。只要坚持好发挥好发展好这一显著优势，大批高素质优秀人才就会不断涌现。

为强军兴军提供坚实人才保障和智力支撑。人民军队是中国特色社会主义的坚强柱石，是捍卫党和国家事业的钢铁长城。全面推进国防和军队现代化，确保实现新时代强军目标，把人民军队全面建成世界一流军队，永葆人民军队性质、宗旨、本色，就要做到政治建军、改革强军、科技兴军、依法治军。强军兴军，人才是基础性决定性要素。党的十八大以来，正是因为坚持聚天下英才而用之，一大批强军兴军迫切需要的高素质优秀人才如雨后春笋般涌现，人民军队综合素质显著提升，整体实力大大增强，强军兴军迈出坚实步伐。

为我国赢得国际竞争新优势提供坚实人才保障和智力支撑。综合国力竞争归根结底是人才竞争，谁能培养吸引更多人才，谁就能在国际竞争中占据优势、赢得主动。无论是集中精力办好自己的事情，还是参与国际合作和全球治理，都要依靠大批高素质优秀人才支撑。能否始终抓住国际竞争的主动权和主导权，归根结底取决于能否抢占国际人才竞争的制高点，取决于能否拥有一支世界一流的高素质优秀人才队伍。始终坚持聚天下英才而用之，才能为我国赢得国际竞争新优势提供坚实人才保障和智力支撑。

三、进一步聚天下英才而用之

当今世界正经历百年未有之大变局，中华民族伟大复兴正处于关键时期。面对前进道路上的各种风险挑战，如何坚持好发挥好发展好坚持德才兼备、选贤任能，聚天下英才而用之，培养造就更多更优秀人才的显著优势，事关新时代中国特色社会主义发展。

深入学习贯彻习近平总书记关于人才工作的重要论述。习近平总书记关于人才工作的重要论述，体现了对人才地位作用和人才成长发展规律的深刻把握，反映了新时代新形势新任务对人才工作的新要求，彰显了习近平总书记对人才制度建设和人才事业发展的系统思考和科学谋划，是新时代做好人才工作、发展人才事业的科学指南。充分发挥坚持德才兼备、选贤任能，聚天下英才而用之，培养造就更多更优秀人才这一显著优势，必须深入学习贯彻习近平总书记关于人才工作的重要论述，切实用以武装头脑、指导实践、推动工作。

始终坚持党管人才原则。坚持党管人才，是人才工作最根本的原则。坚持党管人才原则，首先要明确管什么、怎么管。既要靠制度管，也要靠科学的工作方式方法管。要遵循人才工作规律和人才成长规律，通过不断深化人才制度改革和工作创新，逐步健全完善人才管理制度机制，真正做到人才管理的制度化、规范化、科学化。不断改进工作方式方法，努力做到人才管理柔性化、人性化。

始终坚持尊重规律，按规律办事。人才的培育、选拔、管理、使用是一门科学，要重视规律、遵循规律、按规律办事。按规律做好人才工作、发展人才事业，主要是遵循社会主义市场经济规律和人才成长规律。社会主义市场经济规律中的价值规律、供求规律、竞争规律等，都会对人才环境的营造、人才资源的配置、人才的流动流向等发挥作用和产生影响。人才成长规律主要包括人才需要通过学习增长知识、通过培训增加技能、通过实践提升素质和本领、通过正心修身提高思想境界和道德水平等。在实际工作中，这两个规律是相互联系、共同发挥作用的，不可顾此失彼，也不能厚此薄彼。

始终坚持改革创新。人才工作开展贵在坚持改革，人才事业发展需要加强创新。只有不断深化人才制度改革，破除各种束缚、限制人才发展的体制机制障碍，人才工作才能大有作为，人才事业才能健康发展。党的十八大以来，随着全面深化改革的深入推进，"坚持德才兼备、选贤任能，聚天下英才而用之，培养造就更多更优秀人才的显著优势"日益充分地发挥出来，人才创新、创造、创业活力不断被激发出来，八方贤能、天下英才不断集聚到党和国家各项事业中来，人人皆可成才、人人尽展其才的生动局面正在形成。得人才者得天下，赢人才者赢未来。只要我们切实坚持好发挥好发展好我国国家制度和国家治理体系具有的这一显著优势，真正汇聚起千千万万、浩浩荡荡的高素质优秀人才大军，就一定能够把握当下、赢得未来。

（作者为中共中央党校（国家行政学院）习近平新时代中国特色
社会主义思想研究中心研究员、中共中央党校原副校长　孙庆聚）

新时代党的组织路线

新时代党的组织路线是：全面贯彻新时代中国特色社会主义思想，以组织体系建设为重点，着力培养忠诚干净担当的高素质干部，着力集聚爱国奉献的各方面优秀人才，坚持德才兼备、以德为先、任人唯贤，为坚持和加强党的全面领导、坚持和发展中国特色社会主义提供坚强组织保证。

人才强国战略

人才事业具有全局性和战略性。党和国家历来高度重视人才工作，在革命、建设、改革各个历史时期，制定和实施了一系列重大方针政策，为党和人民事业发展培养和集聚了宏大人才队伍。党的十八大以来，习近平总书记深刻把握国际国内发展基本走势，反复强调要建立集聚人才体制机制，聚天下英才而用之。实施新时代的人才强国战略，就是要加快建设人才强国，最大限度激发人才创新创造创业活力，把各方面优秀人才集聚到党和国家各项事业中来。

▌延伸阅读 ▶

习近平：《在全国组织工作会议上的讲话》，人民出版社2018年版。

《加快建立集聚人才体制机制——中组部负责人就〈关于深化人才发展体制机制改革的意见〉答记者问》，《人民日报》2016年3月23日。

十一、保障国家主权、安全、发展利益的显著优势

坚持党对军队绝对领导是我军加强党的领导和党的建设工作的首要任务。要加强党的政治建设，引导全军坚决维护党中央权威和集中统一领导，坚决听从党中央和中央军委指挥。

　　——习近平总书记 2018 年 8 月 17 日在中央军委党的建设会议上的讲话（引自《习近平谈治国理政》第三卷，外文出版社 2020 年版，第 384 页）

　　历史告诉我们，党指挥枪是保持人民军队本质和宗旨的根本保障，这是我们党在血与火的斗争中得出的颠扑不破的真理。有了中国共产党，有了中国共产党的坚强领导，人民军队前进就有方向、有力量。前进道路上，人民军队必须牢牢坚持党对军队的绝对领导，把这一条当作人民军队永远不能变的军魂、永远不能丢的命根子，任何时候任何情况下都以党的旗帜为旗帜、以党的方向为方向、以党的意志为意志。

　　——习近平总书记 2017 年 8 月 1 日在庆祝中国人民解放军建军 90 周年大会上的讲话（引自习近平：《在庆祝中国人民解放军建军 90 周年大会上的讲话》，人民出版社 2017 年版，第 7 页）

中国故事

不能以任何借口削弱党对红军的领导

1928 年 11 月，红四军前敌委员会成立，毛泽东任书记。随后，红四军在朱德、毛泽东、陈毅等领导下，打破了敌人对井冈山革命根据地的多次围攻，并于 1929 年 1 月起向赣南、闽西进军，开创了赣南、闽西革命根据地。

随着形势的发展和革命队伍的扩大，红四军及其党组织内加入了大量农民和其他小资产阶级出身的同志，加上环境险恶、战斗频繁、生活艰苦，部队得不到及时教育和整训，极端民主化、重军事轻政治、不重视建立巩固的根据地、流寇思想和军阀主义

等非无产阶级思想在红四军内滋长起来。

作为红四军党的前委书记的毛泽东曾力图纠正这些错误的思想倾向，但是，由于当时的历史条件，红四军党内特别是领导层内在创建根据地、在红军中实行民主集中等原则问题上存在着认识上的分歧和争论。因而，毛泽东的正确主张没有能够为红四军领导层的大多数同志所接受。

1929 年 8 月下旬，陈毅抵达上海，向党中央如实汇报了红四军的工作。29 日，中央政治局专门召开会议，听取了陈毅关于红四军全部情况的详细汇报，决定由周恩来、李立三、陈毅三人组成专门委员会，深入研究讨论红四军的问题。经过一个月的讨论，形成了陈毅起草、周恩来审定的《中共中央给红四军前委的指示信》，即著名的"九月来信"。九月来信肯定了红四军建立以来所取得的成绩和经验，要求红四军前委和全体干部战士维护朱德、毛泽东的领导，明确指出毛泽东"应仍为前委书记"。

根据中央九月来信的精神，12 月 28 日至 29 日，红四军党的第九次代表大会在福建上杭县古田村召开。会上，毛泽东作政治报告，朱德作军事报告。陈毅传达中央九月来信精神。会议上，毛泽东重新当选为书记。

古田会议总结了红四军成立以来军队建设方面的经验教训，确立了人民军队建设的基本原则，规定了红军的性质、宗旨和任务，重申了党对红军实行绝对领导的原则，反对以任何借口削弱党对红军的领导，必须使党成为军队中的坚强领导和团结核心。

（摘编自《古田会议》，《人民日报》2006 年 12 月 5 日）

▎编辑点评 ▶

　　历史不会忘记，1929 年 12 月，毛泽东同志主持召开了著名的古田会议，探索出思想建党、政治建军的光辉道路，新型人民军队由此走上了发展壮大的历史征程。建军先铸魂，强军先强魂。90 多年来，人民军队成为中国特色社会主义的坚强柱石。党对人民军队的绝对领导是人民军队的建军之本、强军之魂。历史告诉我们，党指挥枪是保持人民军队本质和宗旨的根本保障，这是我们党在血与火的斗争中得出的颠扑不破的真理。新时代，必须牢固确立习近平强军思想在国防和军队建设中的指导地位，巩固和拓展深化国防和军队改革成果，构建中国特色社会主义军事政策制度体系，全面推进国防和军队现代化，确保实现党在新时代的强军目标，把人民军队全面建成世界一流军队，永葆人民军队的性质、宗旨、本色。

制度优势

坚持党指挥枪、不断推进强军事业

　　建军先铸魂，强军先强魂。90 多年来，人民军队必须牢牢坚持党对军队的绝对领导，把这一条当作人民军队永远不能变的军魂、永远不能丢的命根子。党的十九届四中全会《决定》把"坚持党指挥枪，确保人民军队绝对忠诚于党和人民，有力保障国家主权、安全、发展利益的显著优势"作为我国国家制度和国家治理体系的显著优势之一。深入把握、充分发挥这一显著优势，对于推进新时代强军事业、确保党和国家长治久安，具有重大现实意义和深远历史意义。

一、深入把握坚持党指挥枪的重大意义

人民军队是中国特色社会主义的坚强柱石，党对人民军队的绝对领导是人民军队的建军之本、强军之魂。实践证明，正是因为始终坚持党指挥枪，人民军队才能在中国特色强军之路上不断迈出坚实步伐。

中国特色社会主义制度的最大优势在军事领域的具体化。中国特色社会主义最本质的特征是中国共产党领导，中国特色社会主义制度的最大优势是中国共产党领导。这一最大优势体现在国防和军队建设领域，就是坚持党指挥枪。习主席指出："党对军队的绝对领导是中国特色社会主义的本质特征，是党和国家的重要政治优势，是人民军队的建军之本、强军之魂。"① 这一重要论述中的"本质特征""重要政治优势"，都是从军事视角透视党的领导这一"最本质的特征""最大优势"而得出的结论。党对人民军队的绝对领导制度，是党的领导核心地位在军事领域的体现，与人民民主专政的国体、人民代表大会制度的政体相符合、相适应并为之服务，对于捍卫中国特色社会主义、促进改革发展稳定起到了不可替代的作用。

我们党建军治军 90 多年历史经验的凝练总结。党对人民军队的绝对领导制度，发端于南昌起义，奠基于"三湾改编"，定型于古田会议，丰富发展于党领导人民军队进行革命、建设、改革的伟大实践。在缔造和领导人民军队的历史进程中，我们党把马克思主义建党建军学说与中国实际紧密结合，建构起党对人民军队绝对领导的一整

---

① 习近平：《在庆祝中国人民解放军建军 90 周年大会上的讲话》，人民出版社 2017 年版，第 14 页。

套制度，主要包括：坚持军队最高领导权和指挥权属于党中央、中央军委，中央军委实行主席负责制，实行党委制、政治委员制、政治机关制，实行党委统一的集体领导下的首长分工负责制，实行支部建在连上等。历史证明，这套制度完全符合我们的党情、国情、军情。90多年来，我军之所以始终具有强大的凝聚力向心力战斗力，能打仗打胜仗，不断从胜利走向胜利，最根本的就是靠坚持党指挥枪。

实现强军目标、全面建成世界一流军队的根本保证。当今世界正经历百年未有之大变局，我国正处于实现中华民族伟大复兴的关键时期。前进道路上，我们必定会面临这样那样的风险挑战，甚至会遇到难以想象的惊涛骇浪。实现中华民族伟大复兴的中国梦，必须以强大军事实力为支撑，在党的绝对领导下实现强军目标、全面建成世界一流军队。把坚持党指挥枪作为显著优势，表明我们党将继续以强大定力，坚持党对人民军队绝对领导的根本原则和制度不动摇，引领人民军队书写新时代强军事业的壮丽篇章，担当起党和人民赋予的新时代使命任务。

二、在不断砥砺奋进中形成的显著优势

"坚持党指挥枪，确保人民军队绝对忠诚于党和人民，有力保障国家主权、安全、发展利益的显著优势"，是人民军队在党的坚强领导下，扎根于中国大地，在不断砥砺奋进中形成的。

源于党的坚强领导。习主席指出："有了中国共产党，有了中国共产党的坚强领导，人民军队前进就有方向、有力量。"[1] 我军是执行党的政治任务的武装集团，正是在传承党的血脉基因、秉持党的初心

---

[1] 习近平：《在庆祝中国人民解放军建军90周年大会上的讲话》，人民出版社2017年版，第7页。

使命、遂行党赋予的使命任务的历史进程中，不断积淀和增强坚持党指挥枪的显著优势。在党的坚强领导下，党的各种优势不断内化为人民军队的优势。比如，我们党始终坚持马克思主义，不断推进马克思主义中国化时代化大众化，努力提高广大党员干部的思想理论素质，从理论上永葆党的先进性和纯洁性，这是我们党的理论优势。我们党把这一理论优势作用于人民军队，坚持用党的创新理论武装官兵，使广大官兵在思想上绝对忠诚于党和人民。

源于人民的伟大力量。习主席指出："人民军队的根脉，深扎在人民的深厚大地；人民战争的伟力，来源于人民的伟大力量。"①"坚持党指挥枪，确保人民军队绝对忠诚于党和人民，有力保障国家主权、安全、发展利益的显著优势"，源于我们党和军队始终坚持全心全意为人民服务的根本宗旨，坚持为中国人民谋幸福、为中华民族谋复兴的初心使命，从而赢得了人民群众的鼎力支持。长期以来，正是有了人民群众"最后一碗米送去做军粮，最后一尺布送去做军装，最后一件老棉袄盖在担架上，最后一个亲骨肉送去上战场"的生死与共，才有亿万军民同心同德、团结奋斗的强大力量。实践证明，发挥人民群众作为"力量之源和胜利之本"的伟大作用，就有了人民军队的所向披靡、战无不胜。

源于人民军队的英勇奋斗。每一座丰碑，都是奋斗铸就的。90多年来，人民军队积极投身实现民族独立、人民解放和国家富强、人民幸福的历史洪流，历经硝烟战火，一路披荆斩棘，付出巨大牺牲，取得一个又一个辉煌胜利，为党和人民建立了伟大的历史功勋。"坚持党指挥枪，确保人民军队绝对忠诚于党和人民，有力保障国家主

---

① 习近平：《在庆祝中国人民解放军建军90周年大会上的讲话》，人民出版社2017年版，第17—18页。

权、安全、发展利益的显著优势"的背后，是人民军队的艰辛探索、铁血担当、牺牲奉献。新时代，人民军队在中国特色强军之路上勇毅笃行、艰苦磨砺、精武强能，确保在党和人民需要的时候拉得出、上得去、打得赢。

源于国家的雄厚实力。推进国防和军队建设，需要依靠国家的雄厚实力。我们党始终坚持在实现中华民族伟大复兴中国梦的宏伟目标下领导推进强军事业，坚持富国和强军相统一。新中国成立后特别是改革开放以来，我国经济快速发展，综合国力不断增强。在雄厚国力的支撑下，我们党坚持把军事安全置于国家安全的大体系中统筹强化，把国防和军队改革置于国家全面深化改革的大盘子中统筹推进，把科技强军置于国家创新驱动发展的大战略中统筹联动，从而使"坚持党指挥枪，确保人民军队绝对忠诚于党和人民，有力保障国家主权、安全、发展利益的显著优势"愈加彰显。

三、坚持和完善党对人民军队的绝对领导制度

党的十九届四中全会《决定》把"坚持和完善党对人民军队的绝对领导制度，确保人民军队忠实履行新时代使命任务"作为"十三个坚持和完善"之一，这对于始终坚持党指挥枪、不断推进强军事业具有重大意义。

在坚持和巩固上下功夫。坚持和完善党对人民军队的绝对领导制度，首先必须增强政治定力和战略定力，回答好"坚持和巩固什么"的问题，防止出现颠覆性错误。习主席强调，深化国防和军队改革是中国特色社会主义军事制度自我完善和发展，是为了更好发挥中国特色社会主义军事制度的优势。改革是要更好坚持党对军队的绝对领导，更好坚持人民军队的性质和宗旨，更好坚持我军的光荣传统和优

良作风。无论怎么改，这些都绝对不能变。党的十八大以来，通过深化国防和军队改革，党对人民军队绝对领导的根本原则和制度进一步巩固。我们要增强"四个意识"、坚定"四个自信"、做到"两个维护"，贯彻军委主席负责制，牢固确立习近平强军思想在国防和军队建设中的指导地位，巩固和拓展深化国防和军队改革成果，使党对人民军队的绝对领导制度优势更加彰显。

在完善和发展上下功夫。坚持和完善党对人民军队的绝对领导制度是一项系统工程，既要回答好"坚持和巩固什么"的问题，又要回答好"完善和发展什么"的问题。新时代，我们要实现中国梦强军梦，必须丰富和完善党对人民军队绝对领导的实现形式。坚持人民军队最高领导权和指挥权属于党中央、中央军委，完善贯彻军委主席负责制的体制机制。健全人民军队党的建设制度体系，完善军队党的思想政治建设制度，完善党领导人民军队的组织体系，完善军队干部队伍建设制度，完善军队党的作风纪律建设制度。把建立健全军事政策制度体系作为坚持党对人民军队绝对领导的重要保障，建立健全维护党中央权威和集中统一领导、确保党对人民军队绝对领导的军队党的建设制度体系，建立健全基于联合、平战一体的军事力量运用政策制度体系，建立健全聚焦打仗、激励创新、军民融合的军事力量建设政策制度体系，建立健全精准高效、全面规范、刚性约束的军事管理政策制度体系。

在落实和执行上下功夫。将制度优势更好转化为强军胜战效能，关键在于保证党对人民军队绝对领导制度的刚性执行。着力提高坚持党对人民军队绝对领导的政治自觉和实际能力，提高军队各级党组织的领导力、组织力、执行力。把军委主席负责制作为最高政治要求来遵守，作为最高政治纪律来维护，确保任何时候任何情况下都坚决听习主席指挥、对习主席负责、让习主席放心。加大制度执行的监督检查力度，运用纪检、巡视、审计监督手段，深化政治巡视，搞好政治体检，纠正政治偏差，切实让制度带电生威。领导干部要当好制度的忠诚执行者、模范践行者，带头在学懂弄通、按章办事、严格执纪上下功夫，以身作则、以上率下，用模范行动感召带动部队。

（作者为国防大学习近平新时代中国特色社会主义
思想研究中心　刘光明　陈嘉康）

政治建军

政治建军是我军的立军之本。军队政治工作的时代主题是，紧紧围绕实现中华民族伟大复兴的中国梦，为实现党在新形势下的强军目标提供坚强政治保证。

要扭住坚持党对军队绝对领导这个根本不放松，从思想上政治上建设和掌握部队，按照"绝对"标准固根铸魂，坚持从政治上考察和使用干部，提高坚持党对军队绝对领导的政治自觉和实际能力，确保党指挥枪的原则落地生根。认真贯彻落实军委主席负责制，强化政治意识、大局意识、核心意识、看齐意识，经常、主动、坚决向党中央和中央军委看齐，始终在思想上政治上行动上同党中央和中央军委保持高度一致，坚决维护党中央和中央军委权威，坚决听从党中央和中央军委指挥。大力加强意识形态工作，掌控网络意识形态主导权，增强思想工作和理论工作说理性战斗性，批驳抵制"军队非党化、非政治化"和"军队国家化"等错误观点，维护以政权安全、制度安全为核心的国家政治安全。

▌延伸阅读 ▶

习近平:《在庆祝中国人民解放军建军 90 周年大会上的讲话》,《人民日报》2017 年 8 月 2 日。

习近平:《发挥政治工作对强军兴军的生命线作用　为实现党在新形势下的强军目标而奋斗》,《人民日报》2014 年 11 月 2 日。

十二、坚持"一国两制"的显著优势

30 多年来，"一国两制"实践取得的成功举世公认。当然，"一国两制"的制度体系也要在实践中不断加以完善。我们坚信，包括港澳同胞在内的中国人民完全有智慧、有能力把"一国两制"实践发展得更好，把"一国两制"制度体系完善得更好，把特别行政区治理得更好。

——习近平总书记 2019 年 12 月 20 日在庆祝澳门回归祖国二十周年大会暨澳门特别行政区第五届政府就职典礼上的讲话（引自《习近平谈治国理政》第三卷，外文出版社 2020 年版，第 416—417 页）

　　对香港、澳门来说，"一国两制"是最大的优势，国家改革开放是最大的舞台，共建"一带一路"、粤港澳大湾区建设等国家战略实施是新的重大机遇。我们要充分认识和准确把握香港、澳门在新时代国家改革开放中的定位，支持香港、澳门抓住机遇，培育新优势，发挥新作用，实现新发展，作出新贡献。

——习近平总书记 2018 年 11 月 12 日在会见香港、澳门各界庆祝国家改革开放 40 周年访问团时的讲话（引自《习近平谈治国理政》第三卷，外文出版社 2020 年版，第 399—400 页）

亲情在两地间摆渡

"隔三差五坐高铁，已是一种生活方式，一晃一年了。"站在高铁西九龙站香港口岸区和内地口岸区边界线上，香港青年创业者小吕一脸笑容。

2018年9月23日，广深港高铁香港段正式通车，香港跨入高铁时代。从无到有，从连接广东到辐射全国一半省份，从"动感号"列车第一次从西九龙站驶出到开行列车达6.8万余次，交通图景不断刷新，持续改变着人们的时空观。

"坚持最高的标准，提供最好的服务，我们在两地间摆渡的不只是乘客，更是亲情。"高铁西九龙站内地口岸区口岸处处长江山如是说。

"目前，西九龙站已成为检验量位居全国第八的特大型口岸。"内地口岸区出入境边防检查站政委艾锋谈起一年的工作，有满满的获得感。

截至9月30日，西九龙边检站共查验出入境人员超过1921万人次，日均5.15万人次，最高峰值达10.5万人次。

从开通到过"百万"，只用了18天；从"百万级"跃升到"千万级"，不足半年。"'一地两检'通关模式让旅客出行更便捷、更高效。"江山说。

　　"针对高铁携行儿童家庭旅客占比较高的情况，我们还研创了全国首条中国公民 E 家行专用通道。"江山介绍。

　　大人走左边，小孩走右边，"一家出行，同步过关，咫尺相伴"。印在地面上的粉红色温馨标识，专为小朋友设计的低矮边检柜台，让通关也充满人情味、幸福感。

　　广深港高铁是香港连接内地的客流"大动脉"，人流物流高效流动能为粤港澳大湾区及建设注入新动力。

（摘编自《展现逐梦大湾区新景象》，《人民日报》
2019 年 10 月 13 日，作者：张庆波）

编辑点评 ▶

　　一列高铁、两地摆渡，缩短的是香港和内地的时空距离，拉近的是两地人们的心。随着更多"硬联通""软连接"政策措施的落地，香港、澳门将更加深入地融入国家发展大局，同内地优势互补、协同发展。香港、澳门的繁荣发展从来都与祖国密切相关，祖国永远是坚强后盾。"一国两制"是香港、澳门保持长期繁荣稳定的最佳制度。2019 年发生的修例风波，使"一国两制"在香港的实践遭遇前所未有的挑战。然而，风浪不会掀翻大海。2020 年香港维护国家安全法的公布实施，发出了坚决打击危害国家安全的活动、反对外部势力干涉中国内政的清晰信号，推动"一国两制"事业沿着正确方向前进。面向未来，我们将初心不改、决心坚定，保持香港、澳门长期繁荣稳定，促进祖国和平统一，推动"一国两制"航船行稳致远。

制度优势

推动香港"一国两制"事业行稳致远
——深入学习贯彻习近平主席视察澳门系列重要讲话精神

2019 年 12 月 18 日至 20 日，习近平主席在出席庆祝澳门回归祖国 20 周年大会暨澳门特别行政区第五届政府就职典礼并视察澳门期间发表系列重要讲话，充分肯定澳门发展成就，深刻总结澳门成功经验，对"一国两制"事业沿着正确方向行稳致远具有重大而深远的指导意义。学习习近平主席视察澳门系列重要讲话，我们对"坚守'一国'之本、善用'两制'之利"的澳门特色、澳门亮点、澳门经验有了更深刻的认识和体会，更深深感受到借鉴澳门经验，坚持和完善香港"一国两制"制度体系，对于推进国家治理体系和治理能力现代化的重要意义，也更深深感受到中央驻港机构所肩负的光荣使命和重大责任。

始终坚定"一国两制"制度自信，是香港社会在前进道路上战胜一切风险挑战的关键所在。习近平主席深刻指出，"只要对'一国两制'坚信而笃行，'一国两制'的生命力和优越性就会充分显现出来。"① 香港、澳门回归祖国以来，在"一国两制"下继续保持繁荣稳定并融入中华民族伟大复兴的壮阔征程。从澳门看，回归祖国以来的 20 年是澳门历史上经济发展最快、民生改善最大的时期，也是澳门同胞共享伟大祖国尊严和荣耀感最强的时期。从香港看，无论是始终保持国际金融、航运、贸易中心地位，还是成功抵御非典疫情和两次金融危机；无论是法治指数全球排名从回归前 60 多位大幅跃升到第十六位，还是多年被众多国际机构评选为全球最自由经济体和最具竞争力的地区之一，所有这些都是当年许多关注香港问题的人完全想象不到的。信心铸就定力、信心激发力量。今天，面对回归以来最为严峻复杂的局面，香港同胞尤其需要重温习近平主席 2017 年视察香港时所作的"前进道路并不平坦，但我们实行'一国两制'的初心不会改变，决心不会动摇"② 的郑重宣示，继续从"一国两制"22 年多成功实践的非凡历程中汲取自信，不为一时之曲折而动摇，不为外部之干扰而迷惘，以坚定的"一国两制"制度自信，踩实步伐、向阳而行，走出香港更加美好的明天。

始终准确把握"一国两制"正确方向，是香港重新纳入国家治理体系后保持长治久安的必然要求。习近平主席深刻指出，"确保'一国两制'实践不变形、不走样，才能推动'一国两制'事业行得

---

① 《习近平谈治国理政》第三卷，外文出版社 2020 年版，第 413 页。

② 习近平：《在庆祝香港回归祖国二十周年暨香港特别行政区第五届政府就职典礼上的讲话》，人民出版社 2017 年版，第 14 页。

稳、走得远。"① 香港、澳门自回归祖国之日起，重新纳入国家治理体系，维护国家主权、安全、发展利益是两个特别行政区基本的宪制责任和政治要求。对于特别行政区而言，如果国家安全体制机制长期缺位，外部势力就能够无所顾忌进行渗透破坏，"一国两制"实践就面临被冲击和破坏的极大风险。习近平主席在视察澳门时严正强调，"香港、澳门回归祖国后，处理这两个特别行政区的事务完全是中国内政，用不着任何外部势力指手画脚。中国政府和中国人民维护国家主权、安全、发展利益的意志坚如磐石，我们绝不允许任何外部势力干预香港、澳门事务！"② 这一重要论述字字千钧、振聋发聩。澳门特别行政区政府和社会各界形成了"在国家安全问题上，只有'一国'之责，没有'两制'之分"的高度共识和行动自觉。我们将一如既往地支持香港特别行政区政府，以香港长治久安和700多万香港同胞的根本福祉为依归，建立和完善特别行政区维护国家安全的法律制度和执行机制，并强化执法力量，着力补齐这一香港"一国两制"制度体系的突出短板，更好维护国家主权、安全、发展利益和香港长期繁荣稳定，更好维护广大香港同胞的切身利益和根本福祉。

始终强化"一国两制"使命担当，是实现"两个建设好"宏伟蓝图的题中应有之义。习近平主席高度肯定广大澳门同胞的"主人翁意识"，特别指出这种意识就是"自觉站在国家整体利益和澳门根本利益的立场上考虑问题"，并希望澳门社会各界人士"继续做中华民族伟大复兴的积极参与者"。香港、澳门回归祖国后，港澳同胞当家作主，自行管理特别行政区自治范围内事务。回答好中国人如何把香港、澳门治理好这一重大命题，是港澳同胞肩负的历史任务和光荣使

---

① 《习近平谈治国理政》第三卷，外文出版社2020年版，第413页。
② 《习近平谈治国理政》第三卷，外文出版社2020年版，第416页。

命。随着"一国两制"由伟大构想变为生动现实，香港同胞所为之守护和奋斗的，是实现中华民族伟大复兴和香港自身发展的"一国两制"伟大事业。习近平主席 2017 年视察香港时指出，"我们既要把实行社会主义制度的内地建设好，也要把实行资本主义制度的香港建设好。"① 今天，在 70 多年来国家飞速发展的大背景下，香港同胞拥有"一国两制"这一最大的优势，国家改革开放这一最大的舞台，共建"一带一路"、粤港澳大湾区建设等国家战略实施这一新的重大机遇，应该比以往任何时候都更有条件和机遇去实现"两个建设好"的宏伟蓝图。香港各界应该抓住机遇、乘势而上，早日从政治雾霾中走出，聚焦到发展这个第一要务上来，以强烈的主人翁意识共同爱护好香港这个家，建设好大湾区这个更大的共同家园，在这个中华民族大发展大作为的时代，在这个港澳与祖国内地共繁荣共奋进的时代，书写下坚守"一国"之本、善用"两制"之利的新的光辉篇章。

始终筑牢"一国两制"社会政治基础，是"一国两制"实践始终稳步前行的根本保障。"爱国爱澳成为全社会的核心价值"，这是习近平主席充分肯定澳门"一国两制"成功实践的一大亮点，是"一国两制"和特别行政区制度得以在澳门顺畅运行的社会政治基础。有了"爱国爱澳"这一全社会共同坚守的核心价值和社会政治基础，澳门特区治理中遇到的一些困难就得以成功克服。在澳门半个世纪一遇的"8·23天鸽"超强风灾期间，基本法和驻军法相关规定首次启动，驻军千余名官兵依法投入抗灾救灾行动，得到澳门社会的一致拥护和广泛好评，这是制度设计与社会政治基础实现良性互动的最佳范例。习近平主席视察澳门时指出，"爱国主义教育兹事体大，希望特别行政区政

---

① 习近平：《在庆祝香港回归祖国二十周年暨香港特别行政区第五届政府就职典礼上的讲话》，人民出版社 2017 年版，第 9 页。

府教育部门和学校担负起主体责任"，① 这一点对香港同样非常重要。香港社会各界殷切期盼并坚定支持特区政府及有关办学团体在全社会尤其是青少年中大力加强宪法和基本法教育、国情教育、中国历史和中华文化教育，不断完善"一国两制"条件下香港教育治理制度体系，增强青少年的国家意识和民族认同，进一步筑牢香港"一国两制"成功实践的社会政治基础。

习近平主席在 2020 年新年贺词中特别指出，"近几个月来，香港局势牵动着大家的心。没有和谐稳定的环境，怎会有安居乐业的家园！真诚希望香港好、香港同胞好。香港繁荣稳定是香港同胞的心愿，也是祖国人民的期盼。"② 这是习近平主席继 2019 年 11 月 4 日在上海出席第二届中国国际进口博览会时、12 月 16 日香港特别行政区行政长官赴北京述职时、12 月 19 日视察澳门期间三次会见林郑月娥行政长官，并于 11 月 14 日在万里之遥的巴西出席金砖国家领导人第十一次会晤，向国际社会表明中国政府在香港问题上的严正立场后，在两个月内第五次专门就香港问题表态，一以贯之地释放出中央政府坚定支持林郑月娥行政长官带领特区政府依法施政、坚定支持香港警方严正执法、坚定支持香港司法机构依法惩治暴力犯罪分子、坚定支持爱国爱港力量的强烈信息，寄托了中央希望香港各界"共同把香港的事情办好"的殷殷期望，也让我们深深感受到以习近平同志为核心的党中央确保"一国两制"方针不会变、不动摇，确保"一国两制"实践不变形、不走样的决心意志。

"一国两制"引航向，紫荆莲花齐绽放。推动新时代"一国两制"事业行稳致远是包括港澳同胞在内的全国人民的共同愿望。不久前，

① 《习近平视察澳门政府综合服务中心和英才学校》，《人民日报》2019 年 12 月 20 日。
② 《国家主席习近平发表二〇二〇年新年贺词》，《人民日报》2020 年 1 月 1 日。

党的十九届四中全会对坚持和完善"一国两制"制度体系作出重要部署，这既体现了"一国两制"的内在要求，也充分反映了治港治澳的切实需要。香港中联办将深入学习贯彻习近平主席关于香港工作和视察澳门期间的系列重要讲话精神，时刻牢记和践行维护国家主权、安全、发展利益，保持香港长期繁荣稳定的根本宗旨，进而实现"两个建设好"，与特区政府和香港各界人士一道，在全力"止暴制乱、恢复秩序"的同时，认真思考围绕"一国两制"制度体系应"坚持和巩固什么、完善和发展什么"这一重大问题，不负习近平主席重托，不负全国人民期待，努力把香港"一国两制"实践发展得更好，把香港"一国两制"制度体系坚持和完善得更好，把香港特别行政区的明天建设得更加美好。

（作者为中央人民政府驻香港特别行政区联络办公室主任　骆惠宁）

粤港澳大湾区

粤港澳大湾区包括香港特别行政区、澳门特别行政区和广东省广州市、深圳市、珠海市、佛山市、惠州市、东莞市、中山市、江门市、肇庆市等珠三角9市，总面积5.6万平方公里，2018年总人口突破7000万人，是我国开放程度最高、经济活力最强的区域之一，在国家发展大局中具有重要战略地位。建设粤港澳大湾区，既是新时代推动形成全面开放新格局的新尝试，也是推动"一国两制"事业发展的新实践。粤港澳大湾区是继美国纽约湾区、美国旧金山湾区、日本东京湾区之后，世界第四大湾区，是国家建设世界级城市群和参与全球竞争的重要空间载体。

▌延伸阅读 ▶

习近平：《在庆祝香港回归祖国二十周年大会暨香港特别行政区第五届政府就职典礼上的讲话》，《人民日报》2017 年 7 月 2 日。

习近平：《在庆祝澳门回归祖国二十周年大会暨澳门特别行政区第五届政府就职典礼上的讲话》，《人民日报》2019 年 12 月 21 日。

十三、构建人类命运共同体的显著优势

人类命运共同体，顾名思义，就是每个民族、每个国家的前途命运都紧紧联系在一起，应该风雨同舟，荣辱与共，努力把我们生于斯、长于斯的这个星球建成一个和睦的大家庭，把世界各国人民对美好生活的向往变成现实。

——习近平总书记 2017 年 12 月 1 日在中国共产党与世界政党高层对话会上的主旨讲话（引自习近平：《携手建设更加美好的世界——在中国共产党与世界政党高层对话会上的主旨讲话》，人民出版社 2017 年版，第 4 页）

这个世界，各国相互联系、相互依存的程度空前加深，人类生活在同一个地球村里，生活在历史和现实交汇的同一个时空里，越来越成为你中有我、我中有你的命运共同体。

——习近平总书记 2013 年 3 月 23 日在莫斯科国际关系学院的演讲（引自《习近平谈治国理政》第一卷，外文出版社 2018 年版，第 272 页）

中非友好一直延续

"中国医生给了我第二次生命，真心感谢你们！"阿兹达·扎哈拉不久前在中国援摩洛哥医疗队塔扎分队接受了肿瘤切除手术。由于手术难度大，当地医疗条件有限，扎哈拉辗转多家医院都没有得到收治，中国医疗队及时伸出援手。扎哈拉说，中国医疗队的外科和内科医生共同为她会诊，制定出细致周密的治疗方案，手术非常顺利，目前身体在一天天好转。

位于塞内加尔首都达喀尔的比基纳国家医院，是中国援塞医疗队的对口援助医院。在该院的眼科门诊，一台裂隙灯显微镜见证了一批批中国医生为当地患者带来光明的故事。眼科医生曾敦征来塞5个多月，已经完成数百例白内障手术。95岁高龄患者阿马杜·盖耶患白内障双目失明30多年。因患者年龄大、手术风险较高，很多医院不敢收治，曾敦征决定接手这台手术。在揭开眼睛上纱布的那一刻，盖耶露出灿烂的笑容，紧紧握住曾敦征的手说："感谢中国医生让我重见光明。"

中国援坦桑尼亚桑给巴尔医疗队负责桑给巴尔岛和奔巴岛两个地区的医疗支援任务。医疗队在纳兹莫加医院、奔巴医院建起眼科中心、微创外科中心等五大技术中心，手把手带领当地医务人员掌握新技术。奔巴岛阿卜杜拉·姆齐医院院长阿里连连称赞：

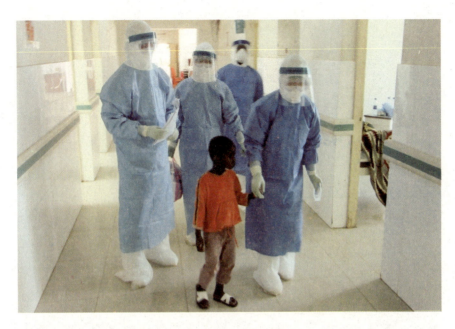

"中国医生为当地患者提供了高水平医疗服务，也为当地医院培养了很多医护人才。"

　　面对新冠肺炎疫情挑战，中国和非洲紧密团结在一起，守望相助、并肩战斗。常驻非洲的 46 支中国医疗队坚守岗位，积极助力当地抗击疫情。自 1963 年向阿尔及利亚派出第一支援外医疗队以来，中国已累计向非洲国家派遣医疗队 993 批次、医疗队员 2.2 万人次，诊治患者 2.2 亿人次。一直延续的中非友好故事，正是中国为构建人类命运共同体不断作出贡献的生动诠释。

（摘编自《近千名中国援非医疗队员积极支持当地抗击疫情——
"非中友好故事一直在延续"》，《人民日报》2020 年 7 月 6 日，
作者：周輖、吕强）

视频合作传温暖

"如何对重症病患进行 ICU 护理？""中方如何运用中西医结合的方式进行治疗？""对于入境人员应该怎样管理？"……不久前，来自云南省疾病预防控制中心和云南省 6 家医院的医疗专家与匈牙利巴奇—基什孔州（以下简称"巴州"）的医务人员，进行了一场跨越万里的新冠肺炎防控工作经验交流会，通过视频连线分享抗疫经验。

巴州位于匈牙利南部，自然风光秀丽。2017 年，云南省与巴州正式缔结友好关系，通过开展旅游业等领域的务实合作，不断增进两地民众的相互了解。

3 月，匈牙利发现新冠肺炎确诊病例，疫情随后蔓延到巴州。4 月中旬，巴州议会主席拉斯洛·理代格发来求助信函，迫切希望云南能够分享疫情防治的经验和有效方法，帮助巴州尽可能遏制疫情传播、保障人民健康安全。

收到求助信函后，云南有关部门积极回应，迅速联络多方进行筹备。5 月 8 日，来自云南、巴州及匈牙利驻重庆总领事馆的相关负责人和医疗专家，在昆明、巴州首府凯奇凯梅特以及重庆进行了三地连线视频会。中方专家与巴州的一线医护人员就新冠肺炎诊疗方案和防控举措进行了交流分享。

困难时刻，中方的无私帮助让友城倍感温暖。巴州议会副主席科内尔·马克动情地说，"巴州与云南情谊深厚，人民心意相牵。感谢云南组织医疗专家分享抗疫经验，这对巴州战胜疫情至关重要。"与会巴州专家表示，中方的防控经验为当地提供了重要参考，希望疫情过后能与云南医疗专家加强线下交流。

疫情防控期间的密切合作让云南与巴州的友情更加深厚。理代格两次致信云南省省长，对云南省支援巴州抗疫表示诚挚感谢。随着疫情形势趋缓，两地将继续通过多种线上线下活动，进一步加强沟通，深化合作。

（摘编自《患难见真情　共同抗疫情——国际友好城市合作抗击疫情（下）》，《人民日报》2020 年 7 月 31 日，作者：张慧中、李欣怡、张涛、刘泽慧、赵姣姣、张黎黎、陈永能、何欣）

编辑点评 ▶

如今，国际舞台上处处可见中国的身影。中国在创造举世瞩目的"中国之治"的同时，也为世界发展带来更多机遇、注入更多活力。究其原因，主要在于我国国家制度和国家治理体系具有坚持独立自主和对外开放相统一，积极参与全球治理，为构建人类命运共同体不断作出贡献的显著优势。面对新冠肺炎疫情全球蔓延，中国始终同国际社会开展交流合作，加强高层沟通，分享疫情信息，开展科研合作，力所能及为国际组织和其他国家提供援助，汇聚战胜疫情的全球合力，为全球抗疫贡献了中国智慧和中国力量。中非之间延续不断的友好故事，跨越万里的视频交流会，诠释了各国命运休戚与共的生动意涵，彰显了推动构建人类命运共同体是应对共同挑战、完善全球治理体系的人间正道。

汇聚战胜疫情的全球合力

在全球抗击新冠肺炎疫情的关键时刻，二十国集团领导人应对新冠肺炎特别峰会召开。习近平主席在峰会上发表的重要讲话强调："当前，国际社会最需要的是坚定信心、齐心协力、团结应对，全面加强国际合作，凝聚起战胜疫情强大合力，携手赢得这场人类同重大传染性疾病的斗争。"① 新冠肺炎疫情正在全球蔓延，给全世界人民生命安全和身体健康带来巨大威胁，给全球公共卫生安全带来巨大挑战。世界各国应秉持人类命运共同体理念，汇聚战胜疫情的全球合力，携手抗疫、共克时艰，推动构建人类命运共同体。

一、人类命运休戚与共

当今世界，经济全球化深入发展，新一轮科技革命和产业变革正在孕育兴起，全球治理体系深刻变革，和平发展大势不可逆转。国与国之间的交往比过去任何时候都更深入、更广泛，各国的相互联系和彼此依存比过去任何时候都更频繁、更紧密，全球命运与共、休戚相关。同时，世界面临的不稳定性不确定性突出，传统安全与非传统安

---

① 习近平：《携手抗疫 共克时艰——在二十国集团领导人特别峰会上的发言》，人民出版社 2020 年版，第 2 页。

全问题复杂交织，人类面临的挑战层出不穷、风险日益增多。同处一个彼此联结的世界之中，面对空前严峻的共同挑战，世界各国都在思考"建设一个什么样的世界、怎样建设这个世界"的重大问题。

习近平主席站在人类历史发展的高度，提出人类命运共同体理念。人类命运共同体理念强调，每个民族、每个国家的前途命运都紧紧联系在一起，应该风雨同舟、荣辱与共，努力把我们生于斯、长于斯的这个星球建成一个和睦的大家庭，把世界各国人民对美好生活的向往变为现实。世界各国秉持人类命运共同体理念，同舟共济、协商合作，方是应对全球性危机和挑战的正道。

新冠肺炎疫情来势汹汹，正在全球快速蔓延，已经成为一场全球性的重大突发公共卫生事件。疫情不仅给许多国家人民生命安全和身体健康带来严重威胁，也给世界经济发展带来重大风险，给全球公共卫生治理体系和联合国可持续发展目标带来严峻挑战。习近平主席指出："新冠肺炎疫情的发生再次表明，人类是一个休戚与共的命运共同体。"[1] 今天，人类生活在同一个地球村，你中有我、我中有你。没有哪个国家能够独自应对像新冠肺炎疫情这样的重大挑战，也没有哪个国家能够退回到自我封闭的孤岛。当前，国际社会最需要的是坚定信心、齐心协力、团结应对，维护人类共同的家园。

面对新冠肺炎疫情，中国采取了最全面、最严格、最彻底的防控举措，遏制住疫情扩散蔓延势头。当前，我国国内疫情防控形势持续向好，疫情防控阶段性成效进一步巩固，经济社会秩序加快恢复。但在各国相互联系、相互依存的情况下，境外疫情的加剧蔓延也使我国面临的境外疫情输入风险大幅增加。疫情面前，人类命运休戚与共。在疫情防控中，中国始终本着公开、透明、负责任的态度及时向国内

---

[1] 习近平：《团结合作是国际社会战胜疫情最有力武器》，《求是》2020年第8期。

外发布疫情信息，第一时间分享病毒研究成果，及时向世界公开诊疗方案及药物筛选结果，加强抗病毒药物及疫苗研发国际合作，携手各国实施联防联控，向一些国家派出医疗专家，用实际行动诠释了同舟共济、守望相助的精神，彰显了人类命运共同体理念对于应对人类共同面临的威胁和挑战、完善全球治理体系的重大意义。

二、携手应对疫情挑战

人类发展进步的大潮滚滚向前，各国相互协作、优势互补是人类社会发展的客观要求，也代表着国际关系演变的前进方向。和平、发展、合作、共赢是无法阻挡的时代潮流，要合作不要对抗、要开放不要封闭、要互利共赢不要零和博弈是世界各国人民的共同呼声。病毒无国界，疫情是我们的共同敌人。习近平主席指出："战胜关乎各国人民安危的疫病，团结合作是最有力的武器。"①面对新冠肺炎疫情这一全人类共同面临的重大挑战，没有任何一个国家可以独善其身，国际社会比以往任何时候都更加需要团结合作。各国需要本着团结精神，全面加强国际合作，"采取透明、有力、协调、大规模、基于科学的全球行动"，携手应对疫情挑战。

中国的前途命运同世界的前途命运紧紧联系在一起。中国的发展离不开世界，世界的繁荣需要中国。中国抗击疫情的工作同全球疫情防控形势密不可分。中国始终秉持人类命运共同体理念，在做好本国疫情防控工作的同时，注重与国际社会加强联防联控、政策协调、交流合作，展现团结合作的力量，为维护全球公共卫生安全作出重大贡献，得到国际社会的广泛赞誉。在中国面临困难的时候，国际社会许

---

① 习近平：《团结合作是国际社会战胜疫情最有力武器》，《求是》2020年第8期。

多成员以各种形式给予中国真诚的帮助和支持。疫情在全球蔓延，中国尽己所能积极支持国际社会抗击疫情。截至 3 月 31 日，中国政府已经向 120 个国家和 4 个国际组织提供了物资援助。同时，中国积极同国际社会分享防控经验，向有关国家派出专家团队。这充分展现了中国对国与国之间友谊的挚诚珍视，也是国际社会团结合作、携手应对疫情挑战的生动体现。

当前，疫情仍在全球蔓延，携手赢得这场人类同重大传染性疾病的斗争，每个国家都肩负着重要责任，需要充分发挥团结合作的力量。在二十国集团领导人应对新冠肺炎特别峰会上，习近平主席秉持人类命运共同体理念，结合中国抗击疫情实践经验，就加强疫情防控国际合作、稳定世界经济提出四点倡议：坚决打好新冠肺炎疫情防控全球阻击战；有效开展国际联防联控；积极支持国际组织发挥作用；加强国际宏观经济政策协调。这四点倡议向世界发出了团结合作战胜疫情的积极信号。在抗击疫情的关键时刻，中国以负责任大国担当阐述中国主张、提出中国倡议，对推动全球携手抗击疫情具有重要意义。

三、坚定抗疫必胜信心

世界发展历史告诉我们，人类文明发展进步的历程不可能一帆风顺，人类就是在同各种困难的斗争中不断前进的，再大的困难也不可能阻挡人类前进的步伐。当前，虽然疫情给全球公共卫生安全和经济社会发展带来巨大挑战，但只要各国坚定信心、齐心协力、团结应对，最终必将赢得这场人类同重大传染性疾病斗争的胜利。各国需要增强抗击疫情的信心、增强对全球经济发展的信心，风雨同舟、团结协作，坚决遏制疫情蔓延态势，以有力举措防范化解经济下行压力，为取得全球抗击疫情的胜利凝聚起共克时艰的强大合力。

在疫情面前，中国政府、中国人民不畏艰险，按照坚定信心、同舟共济、科学防治、精准施策的总要求，采取果断高效的策略和行动，打响了疫情防控的人民战争、总体战、阻击战。中国抗击疫情的策略和行动经受住了实践的检验，抗击疫情取得的重要成效向世界表明，科学有效的防控举措能够有效遏制疫情蔓延势头，只要明确重点、集中力量、科学防治，最终必定能够战胜疫情。中国在抗击疫情中积累的宝贵经验，为各国最终战胜疫情增添了信心和力量。

疫情对全球生产和需求造成全面冲击。中国一手抓疫情防控，一手抓经济社会发展，统筹推进疫情防控和经济社会发展工作，加快建立同疫情防控相适应的经济社会运行秩序，力争把疫情造成的损失降到最低，努力实现 2020 年经济社会发展目标任务。中国有序推进复工复产，为世界战胜疫情提供了重要物资保障，为全球产业链和供应链的稳定与安全提供了强有力支撑。习近平主席在二十国集团领导人应对新冠肺炎特别峰会上指出："中国将继续实施积极的财政政策和稳健的货币政策，坚定不移扩大改革开放，放宽市场准入，持续优化营商环境，积极扩大进口，扩大对外投资，为世界经济稳定作出贡献。"[1] 中国采取的实实在在的举措，为开展国际抗疫合作、提振市场信心注入强大动力。

赢得这场人类同重大传染性疾病斗争的胜利，其伟力来源于各国人民。中国抗击疫情取得显著成效的一个重要原因，就是始终把人民生命安全和身体健康放在第一位，坚持全民动员、联防联控、公开透明，打响了一场抗击疫情的人民战争。习近平主席强调，"战胜这次疫情，给我们力量和信心的是中国人民"。"人民才是真正的英雄"。[2]目前，全球疫情防控形势严峻复杂，但只要各国充分发动人民、组织

① 习近平：《携手抗疫　共克时艰——在二十国集团领导人特别峰会上的发言》，人民出版社 2020 年版，第 4—5 页。
② 《习近平同波兰总统杜达通电话》，《人民日报》2020 年 3 月 25 日。

人民、依靠人民，调动人民的积极性、主动性、创造性，共同为疫情防控贡献智慧和力量，就一定能够战胜疫情。

在二十国集团领导人应对新冠肺炎特别峰会上，各方在发言中均认为，要加强药品和疫苗研发等科研合作，加大对患者救治力度，有力维护民众生命安全与身体健康。实施有力有效的财政和货币政策，保障全球产业链供应链安全、稳定，维护全球金融市场稳定，促进世界经济尽快复苏，全力降低疫情对经济社会造成的损害。各方支持世界卫生组织发挥领导作用，承诺帮助发展中国家和弱势群体提高应对能力。努力将这些合作主张落到实处，就会更有底气和力量赢得这场人类同重大传染性疾病斗争的胜利。

习近平主席指出："流行性疾病不分国界和种族，是人类共同的敌人。国际社会只有共同应对，才能战而胜之。"[1] 面对疫情给全人类带来的巨大挑战，人类命运共同体理念彰显出强大的真理和道义力量。只要我们同舟共济、守望相助，就一定能够彻底战胜疫情，迎来人类发展更加美好的明天。

（作者为中国国际问题研究院院长　戚振宏）

构建人类命运共同体是人间正道

习近平主席指出："疫情给我们带来一系列深刻启示。各国命运紧密相连，人类是同舟共济的命运共同体。"[2] 当前，新冠肺炎疫情仍

---

① 习近平：《团结合作是国际社会战胜疫情最有力武器》，《求是》2020 年第 8 期。
② 《习近平向"一带一路"国际合作高级别视频会议发表书面致辞》，《人民日报》2020年 6 月 19 日。

在全球蔓延，严重威胁人类生命安全和身体健康。疫情冲击下的世界正在发生深刻变化，面临更多不稳定不确定因素。在这场攸关人类健康福祉、世界发展繁荣的疫情防控斗争中，团结合作是最有力的武器，推动构建人类命运共同体是人间正道。各国应以团结取代分歧、以理性消除偏见，凝聚起抗击疫情的强大合力，团结抗疫，共克时艰，维护人类共同家园。

一、携手合作是人类应对危机的必然选择

新冠肺炎疫情已经波及全球 200 多个国家和地区。疫情不仅夺走数十万人的宝贵生命，严重威胁人类健康，还使世界经济下行风险加剧、社会治理危机风险上升，世界不稳定不确定因素显著增多。这次疫情是摆在人类面前的一次严重的非传统安全威胁。

在应对这场重大传染性疾病的过程中，中国始终秉持构建人类命运共同体理念，加强国际合作；大多数国际社会成员强调人类共同利益和责任，认为共同维护全人类的生命安全与身体健康是当前最为紧迫的任务。国际社会加强合作，增强了命运与共的意识。许多国家在抗击疫情的行动中努力化危为机，加强信息沟通、政策协调、行动配合，着力推动国际治理机制和全球治理体系变革和完善。

进入 21 世纪，人类面临的安全形势更加动荡复杂，传统安全威胁和非传统安全威胁相互交织，安全问题的内涵和外延进一步拓展。就流行性疾病来说，世界上相继发生了埃博拉病毒、寨卡病毒、H1N1 流感、新冠肺炎等疫情。国际恐怖事件、金融危机等也多次发生，非传统安全威胁成为人类需要正视的严峻挑战。同时，各国越来越利益交融、安危与共，没有哪个国家能够独自应对人类面对的各种挑战，也没有哪个国家能够退回到自我封闭的孤岛。维护人类的共同

家园，要靠各国加强合作，齐心协力应对挑战。

在病毒这个人类共同的敌人面前，国际社会总结吸取以往应对非传统安全威胁的经验教训，进一步加强抗击疫情的团结合作。2020年3月26日召开的二十国集团领导人应对新冠肺炎特别峰会、4月14日召开的东盟与中日韩抗击新冠肺炎疫情领导人特别会议、5月18日召开的第七十三届世界卫生大会视频会议、6月17日召开的中非团结抗疫特别峰会、6月18日召开的"一带一路"国际合作高级别视频会议等，都是国际社会凝聚团结抗疫、共克时艰共识的重要会议。习近平主席在中非团结抗疫特别峰会上的主旨讲话中指出："我们要坚持人民至上、生命至上，统筹资源，团结合作，尽最大努力保护人民生命安全和身体健康，最大限度降低疫情负面影响。"[①] 目前，全球疫情防控形势依然严峻复杂，国际社会尤其需要加强合作，凝聚起战胜疫情的强大合力。

二、人类命运共同体理念更加深入人心

新冠肺炎疫情的发生以及全球为抗击疫情所采取的一系列行动，对当前世界局势以及人类未来安全和发展都有重大影响。这种影响不仅体现在国际关系方面，还体现在思想、理念等各个层面。

新兴市场国家和发展中国家快速发展、国际影响力不断增强，在国际事务中发挥着越来越重要的作用。新形势下，强权政治、冷战思维、零和博弈那一套已经行不通了，各国平等参与国际事务、协商对话解决分歧的多边主义成为国际社会的共识。

---

① 习近平：《团结抗疫　共克时艰——在中非团结抗疫特别峰会上的主旨讲话》，《人民日报》2020年6月18日。

当今世界，物质财富不断积累，科技进步日新月异，人类文明向更高水平发展，和平、发展、合作、共赢是无法阻挡的时代潮流。对世界各国人民而言，生命安全和身体健康是基本需求，过上更加美好的生活、共享经济全球化发展成果是热切期待。在突如其来的新冠肺炎疫情面前，许多国家的人民生命安全和身体健康受到威胁。抗击疫情第一位的是保护和拯救生命。在近期召开的一系列国际会议上，许多国家表示要做好保护人民、保护生命的工作。中国同一些新兴市场国家和发展中国家紧紧抓住发展和民生等议题，倡议打造人类卫生健康共同体，创建美好生活和安全健康人生。这些倡议已经产生广泛影响。在中非团结抗疫特别峰会上，习近平主席指出："我们要坚定不移践行多边主义。团结合作是抗击疫情最有力的武器。中方愿同非方一道，维护以联合国为核心的全球治理体系，支持世卫组织为全球抗疫作出更大贡献。我们反对将疫情政治化、病毒标签化，反对种族歧视和意识形态偏见，坚定捍卫国际公平正义。"①

人类生活在同一个地球村，各国相互依存、命运与共，越来越成为你中有我、我中有你的命运共同体。推动构建人类命运共同体是人类应对共同挑战的中国主张和中国方案。这一主张已被多次写入联合国文件，得到国际社会的欢迎和认可。处在相互关联的世界中，重大传染性疾病不管发生在哪个地方，都会对整个人类社会带来威胁。应对新冠肺炎疫情这样的重大传染性疾病，需要各国一起商量着办，加强信息共享，开展联防联控，集各国之力加快药物、疫苗、检测等方面科研攻关。联合国、世界卫生组织、二十国集团、东盟与中日韩等多边主义组织在疫情信息共享、协调各国抗疫行动、援助卫生体系薄

---

① 习近平：《团结抗疫　共克时艰——在中非团结抗疫特别峰会上的主旨讲话》，《人民日报》2020 年 6 月 18 日。

弱国家等方面发挥着重要作用。疫情面前，人类社会需要的是携手合作而不是单边行动，是共担责任而不是一意孤行，是互帮互助而不是相互掣肘。

习近平主席在向中国—阿拉伯国家政党对话会特别会议所致贺信中强调："此次疫情再次表明，人类是休戚与共的命运共同体。"① 应对不分国界和种族的疫情，单靠一个国家或几个国家的力量是不够的，唯有站在人类命运共同体的高度携手抗疫、共克时艰，才能有效遏制疫情。在全球抗击疫情的重要时刻，人类命运共同体理念愈发显现其对维护促进整个人类生存发展的重大价值和意义，各国在与疫情的艰苦斗争中越来越意识到彼此相互联结和依存，人类命运共同体理念更加深入人心。

三、继续推动全球治理体系变革和完善

此次疫情暴露了全球治理体系中的一些短板。越来越多的国家深刻感受到非传统安全威胁的现实性和严峻性，进一步认识到零和博弈的思维和做法并不能解决当前面临的挑战。因而，国际社会需要努力化危为机，以全球公共卫生治理机制建设为契机，加快全球治理体系变革和完善。国际社会需要在应对恐怖主义、网络安全、重大传染性疾病、气候变化等非传统安全威胁方面共同努力，不断创新国际治理机制，使之更好服务于处理当前和未来的全球事务。

疫情面前，我们积极支持相关国际组织发挥作用，继续用好各种国际组织平台，加强信息共享、经验交流、技术合作、政策协同，为

---

① 《习近平向中国—阿拉伯国家政党对话会特别会议致贺信》，《人民日报》2020 年 6 月 23 日。

全球抗击疫情作出贡献。国际峰会和元首外交机制的作用越来越突出。随着交通和通信的便捷化，这一机制在20世纪末21世纪初不断发展。当前，全球事务的增多和疫情的特殊情况又催生了元首视频外交，这对于国际关系和全球治理具有创新意义。另外，由于疫情与每个人的生命安全和身体健康密切相关，在政府和非政府组织的渠道之外，世界各国民众借助即时通信工具直接交流，形成了不同国家民众之间交流的新形式。由此可见，外交活动形式正在发生机制性变化，未来国际关系的行为主体将会更加多样。

中国共产党和中国政府始终把人民生命安全和身体健康摆在第一位，打响了一场抗击疫情的人民战争、总体战、阻击战。经过艰苦卓绝的努力，付出巨大代价，我国疫情防控阻击战取得重大战略成果，但仍需持续抓好外防输入、内防反弹工作。中国在抗击疫情的艰难时刻得到许多国家和人民的支援，中国也积极回报国际社会，对许多国家提供力所能及的帮助。中国长期坚持的合作理念在此次疫情防控中得到充分展现，倡导并践行的正确义利观也获得国际社会赞誉。中国与世界不同国家团结合作、共同抗击疫情的行动，丰富了当代国际关系的内涵，揭示了国际社会的前进方向。

人类社会往往是在曲折中前进的，建设更加公正合理的国际治理机制依然任重道远。在此次全球抗击疫情中，同舟共济、团结合作成为国际社会主流。但也有一些国家对国际合作人为设置障碍和壁垒，并在疫情问题上搞污名化和政治化操作。对此，许多国家、国际组织和国际人士纷纷呼吁，国际社会要共同防止歧视、污名化做法。从发展的眼光看，国际社会在抗击疫情中凝聚的宝贵共识和合作行动，是构建人类命运共同体的重要思想资源和实践。风险和挑战总会伴随人类社会前行的步伐，世界会在一次次应对挑战中加强合作，全球治理体系也会在不断回应时代需求中更加完善。只要各国共同携手、共建人类命运共同体，就一定能够开创人类文明更加美好的未来。

（作者为上海国际问题研究院研究员、学术委员会主任　杨洁勉）

共商共建共享的全球治理观

共商共建共享的全球治理观，是完善全球治理的中国理念和中国方案。党的十九大报告指出，中国将继续发挥负责任大国作用，积极参与全球治理体系改革和建设，不断贡献中国智慧和力量。全球治理体系变革是大家的事，要坚持大家的事大家一起商量着办，尤其要让发展中国家更多参与到全球治理体系中，获得与其地位和影响相符合的更多代表性和话语权。要通过充分协商形成全球治理体系变革方案的共识，共同书写国际规则，让全球治理体系更加平衡地反映大多数国家特别是广大发展中国家的意愿和利益。坚持要合作而不要对抗，要双赢、多赢、共赢而不要单赢，确保改革发展的成果惠及各方，让不同国家、不同阶层、不同人群共享全球治理的好处。

新型国际关系

以合作共赢为核心的新型国际关系是习近平外交思想的重要组成部分。各国和各国人民应该共同推动建设新型国际关系，共同享受尊严、共同享受发展成果、共同享受安全保障。坚持国家不分大小、强弱、贫富一律平等，尊重各国人民自主选择发展道路的权利，反对干涉别国内政，维护国际公平正义。世界长期发展不可能建立在一批国家越来越富裕而另一批国家却长期贫穷落后的基础之上。每个国家在谋求自身发展的同时，都应积极促进其他各国共同发展。各国要同心协力，妥善应对各种问题和挑战，共同变压力为动力、化危机为生机，谋求合作安全、集体安全、共同安全，以合作取代对抗，以共赢取代独占。以构建人类命运共同体思想为指导构建新型国际关系，为世界各国应对多样化的全球性挑战和实现包容性发展提供了新思路、开辟了新途径，将推动国际秩序和国际体系朝着更加公正合理的方向变革，开辟人类更加美好的发展前景。

▌延伸阅读▶

习近平：《共同构建人类命运共同体——在联合国日内瓦总部的演讲》，《人民日报》2017年1月20日。

习近平：《携手建设更加美好的世界——在中国共产党与世界政党高层对话会上的主旨讲话》，《人民日报》2017年12月2日。

习近平：《弘扬"上海精神" 构建命运共同体——在上海合作组织成员国元首理事会第十八次会议上的讲话》，《人民日报》2018年6月11日。

习近平：《深化文明交流互鉴 共建亚洲命运共同体——在亚洲文明对话大会开幕式上的主旨演讲》，《人民日报》2019年5月16日。

习近平：《团结合作是国际社会战胜疫情最有力武器》，《求是》2020年第8期。

结 语

在守正创新中坚持和完善
中国特色社会主义制度

制度是关系党和国家事业发展的根本性、全局性、稳定性、长期性问题。中国特色社会主义制度和国家治理体系经过长期实践检验，来之不易，必须倍加珍惜。党的十九届四中全会审议通过的《决定》，从十三个方面总结了我国国家制度和国家治理体系的显著优势，这些显著优势是我们坚定中国特色社会主义道路自信、理论自信、制度自信、文化自信的基本依据。我们要充分认识中国特色社会主义制度的本质特征和优越性，坚定制度自信，在守正创新中坚持和完善中国特色社会主义制度，为不断满足人民对美好生活的新期待、战胜前进道路上的各种风险挑战奠定坚实基础。

一、坚持不懈推进制度建设

我们倍感自信的中国特色社会主义制度，是我们党带领人民在革命、建设、改革的长期实践探索中确立和发展起来的。习近平同志在省部级主要领导干部学习贯彻十八届三中全会精神全面深化改革专题研讨班上的讲话强调指出："一个国家选择什么样的治理体系，是由这个国家的历史传承、文化传统、经济社会发展水平决定的，是由这个国家的人民决定的。"[1] 中国特色社会主义制度是党和人民在长期实践探索中形成的科学制度体系，我国国家治理一切工作和活动都依照

---

① 《习近平谈治国理政》第一卷，人民出版社 2018 年版，第 105 页。

中国特色社会主义制度展开，我国国家治理体系和治理能力是中国特色社会主义制度及其执行能力的集中体现。

建设社会主义现代化国家、实现中华民族伟大复兴，是我们党孜孜以求的宏伟目标。我们党自成立以来，就团结带领人民为此进行不懈奋斗。在新民主主义革命时期，我们党就开始了国家制度和法律制度建设的探索。新中国成立后，我们党创造性地开辟了一条适合中国国情的社会主义改造道路，团结带领人民完成社会主义革命，确立社会主义基本制度，推进社会主义建设，完成了中华民族有史以来最为广泛而深刻的社会变革，为当代中国一切发展进步奠定了根本政治前提和制度基础。

党的十一届三中全会后，我们党领导改革开放，开启制度建设新征程。随着改革开放逐步深化，我们党对制度建设的认识越来越深入。党的十四大、十五大、十六大、十七大都对制度建设提出明确要求。中国特色社会主义根本制度、基本制度、重要制度日益得到坚持和巩固、完善和发展。

党的十八大以来，以习近平同志为核心的党中央把制度建设摆到更加突出的位置，使中国特色社会主义制度日趋成熟定型，为推动党和国家事业取得历史性成就、发生历史性变革发挥了重大作用。党的十八届三中全会首次提出"推进国家治理体系和治理能力现代化"这个重大命题，并把"完善和发展中国特色社会主义制度，推进国家治理体系和治理能力现代化"确定为全面深化改革的总目标。党的十九大作出到本世纪中叶把我国建成富强民主文明和谐美丽的社会主义现代化强国的战略安排，其中制度建设和治理能力建设的目标是：到 2035 年，各方面制度更加完善，国家治理体系和治理能力现代化基本实现；到本世纪中叶，实现国家治理体系和治理能力现代化。党的十九届四中全会专题研究坚持和完善中国特色社会主义制度、推进国家治理体系和治理能力现代化问题，全会通过的《决定》从党和国家事业发展的全局和长远出发，准确把握我国国家制度和国家治理体系的演进方向和规律，深刻回答了在国家制度和国家治理体系上应该"坚持和巩固什么、完善和发展什么"这个重大政治问题，既阐明了必须牢牢坚持的重大制度和原则，又部署了推进制度建设的重大任务和举措，必将对推动各方面制度更加成熟更加定型、把我国制度优势更好转化为国家治理效能产生重大而深远的影响。

从中国特色社会主义制度和国家治理体系形成和发展的历程可以清楚地看到，我国国家制度和国家治理体系是党和人民长期奋斗、接力探索、历尽千辛万苦、付出巨大代价得来的，是中国革命、建设、改革的必然产物。这是我们坚定制度自信的重要立足点。

二、为当代中国发展进步提供根本保障

"履不必同，期于适足；治不必同，期于利民。"中国特色社会主义制度好不好，要看事实，尤其要看中国人民的判断。习近平同志指出："治理一个国家，推动一个国家实现现代化，并不只有西方制度模式这一条道，各国完全可以走出自己的道路来。"[①] 新中国成立以来特别是改革开放以来，我国综合国力大幅提升，人民生活极大改善，创造了世所罕见的经济快速发展奇迹和社会长期稳定奇迹。中国人民切实感受到，中国特色社会主义制度是保障和促进当代中国发展进步的科学制度体系。

中国特色社会主义制度植根中国大地、具有深厚中华文化根基。

---

① 《习近平关于社会主义政治建设论述摘编》，中央文献出版社 2017 年版，第 7 页。

我们党坚持以马克思主义为指导，把马克思主义基本原理同中国具体实际结合起来，深深扎根中国社会土壤，汲取中华优秀传统文化的充沛养分，并不断借鉴吸收其他制度文明成果的长处，在古老的东方大国建立起具有中国特色的新型国家制度和国家治理体系，也为人类探索建设更好社会制度贡献了中国智慧和中国方案。比如，社会主义市场经济体制是对市场经济模式的重大创新，它既具有市场经济的普遍特征，又把社会主义制度和市场经济有机结合起来，是在社会主义条件下发展市场经济的伟大创举。再比如，中国共产党领导的多党合作和政治协商制度是从中国土壤中生长出来的新型政党制度，不仅符合当代中国实际，也符合中华民族一贯倡导的天下为公、兼容并蓄、求同存异的优秀传统文化，体现出独特优势和作用。

中国特色社会主义制度有效管用、深得人民拥护。从新中国成立初期的"一穷二白"到成为世界第二大经济体、制造业第一大国、货物贸易第一大国，中国的经济实力、综合国力极大提升；从缺吃少穿、生活困顿到追求生活品质、文化娱乐丰富，中国人民过上了以往难以想象的新生活；从被封锁被威胁到日益走近世界舞台中央，中国的国际地位空前提高。历史和实践充分证明：我国国家制度和国家治理体系能够真正解决我国发展面临的问题，具有显著优越性，是有效管用、深得人民拥护的先进制度和治理体系。中国特色社会主义制度为解放和发展社会生产力、解放和增强社会活力、永葆党和国家生机活力提供了有力保证，为保持社会大局稳定、保证人民安居乐业、保障国家安全提供了有力保证。

中国特色社会主义制度具有强大生命力和巨大优越性。社会主义社会是一个不断变革的社会，中国特色社会主义制度是一套在改革开放中不断自我完善、具有强大生命力和巨大优越性的制度体系。中国特色社会主义制度不会固步自封，而是着眼于形势变化、任务变化，在解决实际问题中不断实现重大制度改革创新；在保持自身特色的同时，充分吸收借鉴人类制度文明的有益成果。中国特色社会主义制度能够不断完善发展的根本原因在于，中国共产党协同推进社会革命和自我革命的步伐不懈怠、不停顿，我们各方面的体制机制能够在改革创新、与时俱进中更加适应发展要求、人民期盼。在中国共产党的领导下，中国特色社会主义制度和国家治理体系自我完善、自我发展的能力不断增强。

三、坚持守正与创新的辩证统一

制度优势是一个国家最大的优势，制度竞争是国家间最根本的竞争。新时代改革开放具有许多新的内涵和特点，其中很重要的一点就是制度建设分量更重，改革更多面对的是深层次体制机制问题，对改革顶层设计的要求更高，对改革的系统性、整体性、协同性要求更强，相应地建章立制、构建体系的任务更重。当今世界正经历百年未有之大变局，国际形势复杂多变，我们面临的风险挑战空前严峻。坚定制度自信，既要充分认识我国国家制度和国家治理体系的本质特征和显著优势，知其来之不易，对之倍加珍惜；又要通过完善和发展，推动各方面制度更加成熟更加定型，推进国家治理体系和治理能力现代化，推动制度优势转化为治理效能，以制度威力应对风险挑战的冲击。

坚持和完善中国特色社会主义制度，要把握守正与创新的辩证法。制度创新是在守正前提下的创新，坚定不移走中国特色社会主义道路这个大方向任何时候都不能改变和动摇。《决定》全面回答了在我国国家制度和国家治理体系上应该"坚持和巩固什么、完善和发展什么"这个重大政治问题，既阐明了必须牢牢坚持的重大制度和原则，又部署了推进制度建设的重大任务和举措，体现的正是守正与创新的辩证统一。

习近平同志指出："我们党立志于中华民族千秋伟业，不仅要保持中国特色社会主义制度和国家治理体系的稳定性和延续性，而且要不断增强其发展性和创新性，推动中国特色社会主义制度更加成熟更加定型，为确保中国特色社会主义事业长盛不衰、实现中华民族伟大复兴提供牢靠而持久的制度保证。"[①] 我们要把坚定制度自信和不断改革创新有机统一起来，着力固根基、扬优势、补短板、强弱项，构建系统完备、科学规范、运行有效的制度体系，推动中国特色社会主义制度不断完善和发展、永葆生机活力。

（作者为中共中央党校原副校长 李君如）

不断开辟"中国之治"新境界

制度是治国之重器，良制是善治之前提。习近平同志指出，坚持和完善中国特色社会主义制度、推进国家治理体系和治理能力现代化，这是实现"两个一百年"奋斗目标的重大任务。我国国家制度和国家治理体系是党和人民长期奋斗、接力探索、历尽千辛万苦、付出巨大代价得来的，是中国革命、建设、改革的必然产物。实现"两个一百年"奋斗目标的重大任务，必须坚持和完善中国特色社会主义制

---

① 《筑牢中国长治久安的制度根基——〈中共中央关于坚持和完善中国特色社会主义制度、推进国家治理体系和治理能力现代化若干重大问题的决定〉诞生记》，《人民日报》2019 年 11 月 7 日。

度，把我国制度优势更好转化为国家治理效能，不断开辟"中国之治"新境界。

一、当代中国发展进步的根本保证

中国特色社会主义制度是中国共产党和中国人民的伟大创造，是当代中国发展进步的根本保证。我们要有高度制度自信。

这一制度是被实践证明的好制度。习近平同志指出，中国特色社会主义是不是好，要看事实，要看中国人民的判断，而不是看那些戴着有色眼镜的人的主观臆断。新中国成立以来特别是改革开放以来，中国的发展成就举世瞩目，中华民族迎来了从站起来、富起来到强起来的伟大飞跃。中国在这么短的时间内经历这么大的制度变革、这么快的经济增长，用几十年时间走完发达国家几百年走过的工业化历程，把许多不可能变成了可能。应该说，中国经济快速发展奇迹和社会长期稳定奇迹，也是中国特色社会主义制度的奇迹。

这一制度是符合中国国情的最优制度选择。中国是一个幅员辽阔，有着14亿多人口的大国。建立和发展我国国家制度，要坚持从国情出发、从实际出发。中国特色社会主义制度的构建和成功实践，向世界说明了一个道理：治理一个国家，推动一个国家实现现代化，并不只有西方制度模式这一条道，各国完全可以走出自己的道路来。我们要坚定制度自信，坚持和完善中国特色社会主义制度，推进国家治理体系和治理能力现代化。

这一制度是中国共产党和中国人民的伟大创造。中国特色社会主义制度的伟大创造性在于：它是马克思主义社会形态理论在中国的创造性实践，是科学社会主义学说在制度层面的具体化，是我们党将马克思主义国家学说与我国制度建设具体实际成功结合的典范，为发展马克思主义国家学说作出了原创性贡献。中国特色社会主义制度是人类制度文明史上的伟大创造，为实现社会主义现代化提供了有力保障，为人类探索更好社会制度提供了中国方案。

二、与"两个一百年"奋斗目标协同一致

1992年，邓小平同志指出："恐怕再有三十年的时间，我们才会在各方面形成一整套更加成熟、更加定型的制度。"[①] 党的十四大提出："在九十年代，我们要初步建立起新的经济体制，实现达到小康水平的第二步发展目标。再经过二十年的努力，到建党一百周年的时候，我们将在各方面形成一整套更加成熟更加定型的制度。"[②] 党的十五大、十六大、十七大都对制度建设提出明确要求。

党的十八大以来，以习近平同志为核心的党中央把制度建设摆到更加突出的位置，强调全面建成小康社会，必须以更大的政治勇气和智慧，不失时机深化重要领域改革，坚决破除一切妨碍科学发展的思想观念和体制机制弊端，构建系统完备、科学规范、运行有效的制度体系，使各方面制度更加成熟更加定型。党的十八届三中全会首次提出推进国家治理体系和治理能力现代化这个重大命题，并把完善和发展中国特色社会主义制度、推进国家治理体系和治理能力现代化确定为全面深化改革的总目标。党的十八届五中全会强调，"十三五"时期要实现各方面制度更加成熟更加定型，国家治理体系和治理能力现代化取得重大进展，各领域基础性制度体系基本形成。

党的十九大作出到本世纪中叶把我国建成社会主义现代化强国的

---

① 《邓小平文选》第三卷，人民出版社1993年版，第372页。

② 《十四大以来重要文献选编》（上），人民出版社1996年版，第47页。

战略安排，其中制度建设和治理能力建设的目标是：到 2035 年，"各方面制度更加完善，国家治理体系和治理能力现代化基本实现"；到本世纪中叶，"实现国家治理体系和治理能力现代化"。党的十九届二中、三中全会分别就修改宪法、深化党和国家机构改革作出部署，在制度建设和治理能力建设上迈出新的重大步伐。党的十九届三中全会指出："我们党要更好领导人民进行伟大斗争、建设伟大工程、推进伟大事业、实现伟大梦想，必须加快推进国家治理体系和治理能力现代化，努力形成更加成熟、更加定型的中国特色社会主义制度。这是摆在我们党面前的一项重大任务。"①

党的十九届四中全会准确把握我国国家制度和国家治理体系的演进方向和规律，描绘了制度建设的时间表、路线图。全会通过的《决定》对坚持和完善中国特色社会主义制度、推进国家治理体系和治理能力现代化进行系统总结并提出总体目标。这个总体目标，对标我们党在新时代的战略安排，进一步明确：到我们党成立一百年时，在各方面制度更加成熟更加定型上取得明显成效；到 2035 年，各方面制度更加完善，基本实现国家治理体系和治理能力现代化；到新中国成立一百年时，全面实现国家治理体系和治理能力现代化，使中国特色社会主义制度更加巩固、优越性充分展现。这就明确回答了在我国国家制度和国家治理体系上应该"坚持和巩固什么、完善和发展什么"这个重大政治问题，明确提出了我国国家制度和国家治理体系建设的总体目标和战略安排，既阐明了必须牢牢坚持的重大制度和原则，又部署了推进制度建设的重大任务和举措，坚持根本制度、基本制度、重要制度相衔接，统筹顶层设计和分层对接，统筹制度改革和制度运

---

① 《中国共产党第十九届中央委员会第三次全体会议文件汇编》，人民出版社 2018 年版，第 16 页。

行，体现了总结历史和面向未来的统一、保持定力和改革创新的统一、问题导向和目标导向的统一，必将对推动各方面制度更加成熟更加定型、把我国制度优势更好转化为国家治理效能产生重大而深远的影响。

三、努力使各方面制度更加成熟更加定型

中国特色社会主义制度是个好制度，并不是说它已经尽善尽美、不需要完善和发展了。实现"两个一百年"奋斗目标，内在地要求在坚持根本制度、基本制度、重要制度的基础上，不断推进制度体系完善发展，构建系统完备、科学规范、运行有效的制度体系，使各方面制度更加成熟更加定型。

保持战略定力。方向决定道路，道路决定命运。习近平同志指出，我们的改革开放是有方向、有立场、有原则的，我们的方向就是不断推动社会主义制度自我完善和发展，而不是对社会主义制度改弦易张。新中国成立以来特别是改革开放以来，我们逐步形成一系列符合国情、行之有效的制度，必须长期坚持。例如，人民代表大会制度在国家政治制度中具有根本性质，在国家政权组织体系中具有根本地位。新时代坚持和发展中国特色社会主义，必须充分发挥人民代表大会制度这一根本政治制度作用，继续通过人民代表大会制度牢牢把国家和民族前途命运掌握在人民手中。要增强战略定力，坚守政治原则和底线，决不能在根本性问题上出现颠覆性错误。

从实际出发制定新的制度。推进全面深化改革，要抓紧制定国家治理体系和治理能力现代化亟须的制度、满足人民对美好生活新期待必备的制度。例如，党的十八大以来，以习近平同志为核心的党中央从政治和全局高度推进监督制度改革，建立集中统一、权威高效的党

和国家监督体系；坚持用最严格制度、最严密法治保护生态环境，逐步构建起产权清晰、多元参与、激励约束并重、系统完整的生态文明制度体系。推动中国特色社会主义制度不断自我完善和发展、永葆生机活力，就要坚持从实际出发制定新的制度，实现改革举措的有机衔接、融会贯通。

将已有成熟经验和做法上升为制度。中国特色社会主义事业是前无古人的开创性事业。在推进中国特色社会主义事业的伟大实践过程中，我们坚持及时总结成功经验和成熟做法，对其进行认真梳理和提炼，并适时将其上升为制度规定，不断完善和发展中国特色社会主义制度和国家治理体系。例如，我们党在总结长期历史经验特别是党的十八大以来新鲜经验的基础上，提出建立不忘初心、牢记使命的制度。这一制度创举，对于坚持思想建党、理论强党、制度治党具有重大而深远的意义。认真总结实践经验和创新做法，增强其全面性、系统性和集成性，形成长期、稳定、可靠的制度，有利于更好指导实践。

（作者为中共中央党校（国家行政学院）习近平新时代
中国特色社会主义思想研究中心研究员　陈曙光）

协同推进"两个革命"

习近平总书记在新当选的党的十九届中央政治局常委同中外记者见面时指出："实践充分证明，中国共产党能够带领人民进行伟大的社会革命，也能够进行伟大的自我革命。"99年来，中国共产党人通过革命、建设和改革不断推进社会革命，创造了一个又一个彪炳史册的人间奇迹。勇于自我革命，从严管党治党，是我们党最鲜明的品格，这使我们党能够始终保持蓬勃朝气，从胜利走向胜利。社会革命和自我革命是紧密联系、有机统一的。党的十八大以来，我们党协同推进社会革命和自我革命，一方面，坚持全面深化改革，攻克体制机制上的顽瘴痼疾；另一方面，坚定不移推进全面从严治党，坚决整治和解决人民群众反映最强烈、对党长期执政威胁最大的问题，推动党的建设不断开创新局面。

推动各方面制度更加成熟更加定型

推动各方面制度"更加成熟更加定型"，是邓小平同志 1992 年提出的一个重要要求。同年召开的党的十四大明确提出："在九十年代，我们要初步建立起新的经济体制，实现达到小康水平的第二步发展目标。再经过二十年的努力，到建党一百周年的时候，我们将在各方面形成一整套更加成熟更加定型的制度。"此后，我们党对制度建设的认识日益深入，党的十五大、十六大、十七大都对制度建设提出明确要求。

党的十八大以来，以习近平同志为核心的党中央把制度建设摆到更加突出的位置。特别是党的十八届三中全会首次提出推进国家治理体系和治理能力现代化这个重大命题，把完善和发展中国特色社会主义制度、推进国家治理体系和治理能力现代化确定为全面深化改革的总目标，并推出 15 个领域、336 项重大改革举措。经过努力，我们啃下了不少硬骨头，闯过了不少急流险滩，重要领域和关键环节改革成效显著，主要领域基础性制度体系基本形成，改革呈现全面发力、多点突破、蹄疾步稳、纵深推进的局面。以习近平同志为核心的党中央，加强顶层设计和统筹谋划，更加注重系统集成、协同高效，打出一系列改革"组合拳",使各项改革相得益彰,发生"化学反应",不断把制度优势转化为治理效能,把坚持和完善中国特色社会主义制度推向了新高度。

延伸阅读

习近平:《坚持和完善中国特色社会主义制度、推进国家治理体系和治理能力现代化》,《习近平谈治国理政》第三卷,外文出版社2020年版。

《以时不我待只争朝夕的精神投入工作 开创新时代中国特色社会主义事业新局面》,《人民日报》2018年1月6日。

习近平:《坚持、完善和发展中国特色社会主义国家制度与法律制度》,《求是》2019年第23期。

策　　划：蒋茂凝

责任编辑：李之美

封面设计：王欢欢

图书在版编目（CIP）数据

讲中国故事　说制度优势／人民日报理论部 编著 . —北京：人民出版社，
　2020.10（2021.5 重印）

ISBN 978 - 7 - 01 - 022489 - 3

I.①讲…　II.①人…　III.①中国特色社会主义 – 社会主义制度 – 学习
　参考资料　IV.① D621

中国版本图书馆 CIP 数据核字（2020）第 176490 号

讲中国故事　说制度优势
JIANG ZHONGGUO GUSHI SHUO ZHIDU YOUSHI

人民日报理论部　编著

人民出版社 出版发行
（100706　北京市东城区隆福寺街 99 号）

北京尚唐印刷包装有限公司印刷　新华书店经销

2020 年 10 月第 1 版　2021 年 5 月北京第 3 次印刷
开本：710 毫米 ×1000 毫米 1/16　印张：16.75
字数：220 千字

ISBN 978 - 7 - 01 - 022489 - 3　定价：58.00 元

邮购地址 100706　北京市东城区隆福寺街 99 号
人民东方图书销售中心　电话（010）65250042　65289539